**この本は…
園の先生へのアンケートから生まれました。**

保育はとっても楽しいし、やりがいがある！ でも…時間が足りない！ 何か良い方法はないの～！？ と、悩むことはありませんか？ そんな悩みが少しでもなくなり、子どもたちのこと、保育者としての自分のことについて、前向きに考えられれば…という思いで、**「とにかく役立つ、すぐに試したくなる裏技を教えてください！」**とアンケートを実施。たくさんの先生方から、数々のアイディアを教えてもらいました。本書には、その中から厳選した101個の裏技を紹介しています。パラパラとめくれば、「おっ！ これいいね」が見つかるはずです。

ここをCheck!　保育memo
裏技の背景にある保育の奥深さ・楽しさや、保育者の配慮などを解説しています。

保育のとっておき★裏技101
CONTENTS

I 秘密のすご技 ………………………………………… 7

手作り便利グッズ

裏技その 001 スズランテープの編みひも ………………… 8
裏技その 002 手作り絵本立て ………………………………… 9
裏技その 003 連絡帳仕分けＢＯＸ …………………………… 10
裏技その 004 おさんぽホルダー ……………………………… 11
裏技その 005 朝の連絡帳にひと工夫☆ ……………………… 12
裏技その 006 並び替えラクラク！　名前シート …………… 13
裏技その 007 段ボールのおうち ……………………………… 14
裏技その 008 秘密の雪遊び手袋 ……………………………… 15

ひと工夫

裏技その 009 ぼくのわたしのタオル ………………………… 16
裏技その 010 壊れない丈夫な仕切り ………………………… 17
裏技その 011 フリー通信 ……………………………………… 18
裏技その 012 ひらがなアンケート …………………………… 20
裏技その 013 愛情たっぷり壁新聞 …………………………… 21
裏技その 014 デジカメで記憶力アップ!? …………………… 22
裏技その 015 個人の見取り表 ………………………………… 23
裏技その 016 スケジュール管理法 …………………………… 24
裏技その 017 記憶はふせんにおまかせ！ …………………… 25

壁面

裏技その 018 壁面かんたんデコレーション！ ……………… 26
裏技その 019 ローラーでステキな壁面 ……………………… 28
裏技その 020 イラストや壁面の顔をよりかわいくする方法① ……… 29
裏技その 021 イラストや壁面の顔をよりかわいくする方法② ……… 29

2

製作

裏技その 022 紙テープの収納方法……………………………… 30

裏技その 023 毛糸の収納ＢＯＸ……………………………… 30

裏技その 024 スズランテープの収納ＢＯＸ…………………… 31

裏技その 025 使いすぎ防止！ リボンケース………………… 31

裏技その 026 ちょうどいい加減が身につく！ セロハンテープ台…… 32

裏技その 027 接着剤 in タッパー ……………………………… 32

裏技その 028 落ち葉をキレイに保存する裏技……………… 33

裏技その 029 かんたん！ 便利な箱………………………… 34

裏技その 030 製作用プリンカップ…………………………… 36

製作後

裏技その 031 手間なく、かんたん掲示！…………………… 37

裏技その 032 パチッとマイクリップ ………………………… 38

裏技その 033 アイロンビーズの作品の保存方法！…………… 39

裏技その 034 かんたん額縁…………………………………… 40

裏技その 035 並び替えラクラク　氏名印のプチ工夫☆ ……… 41

安心・安全

裏技その 036 サッと出せる避難用ヘルメット ……………… 42

裏技その 037 危険を目でチェック大作戦!! …………………… 43

II 掃除・片付け技 ………………………………………… 45

裏技その 038 掲示物をスパッと外す裏技…………………… 46

裏技その 039 掲示物をキレイにはがす方法………………… 47

裏技その 040 壁面製作をファイリング☆…………………… 47

裏技その 041 クレヨン消しは粘土におまかせ！…………… 48

裏技その 042 引き戸のレールのほこり取り………………… 48

裏技その 043 楽しく雑巾がけ♪……………………………… 49

3

裏技その **044** 掃除をするといい香りになる魔法の水 ……………… 50

裏技その **045** 洗濯物を早く乾かす裏技 …………………………… 51

裏技その **046** 一緒にしちゃおう！　園庭準備 …………………… 52

裏技その **047** 片付ける場所がすぐ分かる裏技 ………………… 53

裏技その **048** 片付けラクラクテープ ……………………………… 54

裏技その **049** 大きさいろいろ手作りＢＯＸ …………………… 55

裏技その **050** ビニール袋の収納ＢＯＸ ………………………… 56

裏技その **051** 乳児クラス用　便利な収納ＢＯＸ ……………… 57

裏技その **052** 歯ブラシ立て ………………………………………… 58

裏技その **053** くつ下ポンッ♪ ……………………………………… 59

裏技その **054** 収納ＢＯＸバリエーション ……………………… 60

裏技その **055** ペットボトルホルダー …………………………… 61

Ⅲ お悩み解決 ………………………………… 63

裏技その **056** ピアノ上達法① …………………………………… 64

裏技その **057** ピアノ上達法② …………………………………… 65

裏技その **058** 伴奏はＣ、Ｆ、Ｇでなんとかなる!? …………… 66

裏技その **059** 人前で話すなど、緊張してしまったときには… ……… 67

裏技その **060** 伝えたいことは歌にしちゃおう！ ……………… 67

裏技その **061** 文章が苦手な人のおたよりワザ ………………… 68

裏技その **062** 字がキレイに見えるコツ ………………………… 69

裏技その **063** コンパクトパネルシアター ……………………… 69

裏技その **064** プライベートで子どもや保護者と会ったときは… …… 70

裏技その **065** 重い荷物の運び方① ……………………………… 71

裏技その **066** 重い荷物の運び方② ……………………………… 72

裏技その **067** 鼻水をスッと取る方法 …………………………… 73

裏技その **068** 寝つきの悪い子が早く寝る方法 ………………… 73

裏技その **069** 何を入れよう？　わたしの宝箱 ………………… 74

裏技その **070** シンボルマーク …………………………………… 75

裏技その **071** 室内でもできる野菜作り ………………………… 76

裏技その **072** 長期休みの植木鉢の水やり方法 ………………… 77

CONTENTS

Ⅳ あそび 79

はじまりのあそび

裏技その **073** はじまり　はじまり〜 80

裏技その **074** 拍手で始まる楽しい集まりの会 81

裏技その **075** これ　な〜んだ？ 82

裏技その **076** 魔法の粉 83

裏技その **077** ピッピとチッチ 84

裏技その **078** 静かな手遊び 86

裏技その **079** 突然だるまさんがころんだ 87

裏技その **080** お帳面クイズ 88

裏技その **081** 逆さ言葉ゲーム 90

裏技その **082** 輪ゴムどっちかな 91

裏技その **083** メガネを外すと…？ 91

すきまのあそび

裏技その **084** 『八百屋のお店』替え歌 92

裏技その **085** ゴロゴロ　ドカン！　玉送りゲーム 93

裏技その **086** すきま時間に、みんなでゲーム！ 94

裏技その **087** せんせいクイズ 95

裏技その **088** みんなの好きなもので文章作り 96

手作り玩具

裏技その **089** フェルトのボタンつなぎ 97

裏技その **090** 手作りクルクルおもちゃ 98

裏技その **091** なにかな？　なにかな？ 99

裏技その **092** 安心手作りコマ 100

裏技その **093** 芝滑り用そり 101

CONTENTS

おすすめあそびのアラカルト

裏技その **094** ガチャポンケースで水遊び …………………………… **102**
裏技その **095** 色水で感触遊び ……………………………………… **103**
裏技その **096** 金魚すくい …………………………………………… **104**
裏技その **097** いいところさがし …………………………………… **105**
裏技その **098** 文字遊びゲーム ……………………………………… **106**
裏技その **099** ネイチャーゲーム …………………………………… **107**
裏技その **100** 身近なものでスタンプ ……………………………… **108**
裏技その **101** ベチャッ　コロコロ　ペタペタ！ ………………… **109**

V　おまけ …………………………………………… **113**

美文字レッスン ………………………………………………… **114**
デコ文字レシピ ………………………………………………… **116**
保育のポッケネタ　なぞなぞ ………………………………… **120**
　　　　　　　　　えかきうた ………………………………… **123**

ほっこりエピソード ❶ ………………………………………… **44**

ほっこりエピソード ❷ ………………………………………… **62**

憧れの保育者 ……………………………………………… **78**

私のポリシー ……………………………………………… **110**

秘密のすご技

手作り便利グッズ、ひと工夫、壁面、製作、製作後、安心・安全など、どれも見逃せないすご技ばかり!

秘密のすご技 **手作り便利グッズ**

まゆみ先生

裏技その 001 とことん使える！
おすすめ スズランテープの編みひも

用意するものはスズランテープだけ。まず、同じ長さのスズランテープを3本用意し、端を結んで三つ編みにしていきます。一方の端も結んだら完成です。簡単に作れるので、子どもたちと一緒に作ってもいいですね。持ち手の壊れたバケツに付けるなど、工夫次第で様々に活用できます。

おすすめPoint
水に強く耐久性があります。

① スズランテープを3本用意する

② 端を結んで三つ編みに
留めておくと編みやすい

③ もう一方の端も結んで完成！

持ち手の壊れたバケツに…

カゴに付ける名前カードに…

いろいろ使えて便利です!!

手作りバッグに…

つるしひもに…

保育memo
楽しみながら、大切に

髪の毛の長さや、形に興味を抱く時期の子どもたち。自分で編めるようになると、楽しみながら、手先の器用さを養うことができます。自分で編んだひもを活用することでなおさら大切にする気持ちが育つでしょう。

あき先生

裏技その 002 牛乳パックで簡単に！

おすすめ 手作り絵本立て

1ℓの牛乳パックを切るだけで簡単に作れる絵本立てです。軽いボードなどであればこのままでも大丈夫ですが、絵本を立てるときは、中に重しを入れるか、テープで机や棚に固定します。

おすすめ Point

立てる物に合わせて、背の部分の高さを調整できます。

1ℓの牛乳パック

点線を切る

出来上がり！

保育memo
自分で選んでもっと楽しく

子どもたちは絵本が大好き。絵本立てを利用して見やすいところに置き、子どもたちの望みを聞くのもいいですね。自分たちで選んだ絵本。いつも以上に楽しめるかも…。そんな工夫も保育者の仕事の一つです。

秘密のすご技

秘密のすご技　手作り便利グッズ

きょうこ先生

裏技その **003** 整理も時短も！

おすすめ 連絡帳仕分けBOX

帰る時間ごとに仕分けできる連絡帳入れが、段ボールで簡単に作れます！　ちょうどいい大きさの段ボール箱を斜めにカットし、幅、高さに合わせて切った段ボール片を仕切りとして入れます。最後に、カラー布テープを貼って完成。かわいくデコレーションしてもいいですね。

おすすめPoint
カラー布テープを貼ることで丈夫になります。

たたら先生

裏技その004 用意するのは平ゴムだけ★
おすすめ おさんぽホルダー

個人の持ち物を戸外の散歩に持って行くときには、平ゴムが便利です。クラスの人数分の平ゴムを用意しておきましょう。ハンカチやコップなど、各自が持って行きたい物を、平ゴムにくくり付けて、活用しています。

おすすめPoint
肩から掛けられるので、両手が空いて便利です！水筒を持ち歩かない1、2歳児におすすめです。

秘密のすご技

秘密のすご技　手作り便利グッズ

りかこ先生

裏技その005　見本があると、分かりやすい！

おすすめ 朝の連絡帳にひと工夫☆

毎朝の連絡帳のはんこ押しやシール貼りがスムーズにできるように、連絡帳を少し拡大コピーして、ラミネート加工しておきます。はんこの場合は、はんこの絵もラミネート加工します。その日の場所にはんこの絵やシールを貼っておくと、数字が分からなくても、どこに押すのかが分かりやすくなります。

おすすめPoint
見本と同じ場所を見つけて、はんこ押しやシール貼りができるようになります。

いしざか先生

裏技その 006 驚きの時短技 ★

おすすめ 並び替えラクラク！ 名前シート

未就園児クラスや預かり保育のときなど、週1～2回だけ利用する子どもたちのロッカーは毎回変わります。そんなとき便利なのが、ラミネート加工した名前シートです。子どもたちが使うロッカーや靴箱の大きさに合わせて、画用紙を切り、名前を書いてラミネート加工しておきます。それを下に敷いておくだけ！　移動も簡単です。違う子どもの名前で両面使えるのでとっても便利です。

おすすめPoint

一つの部屋を、午前・午後など共有で使用するとき、シートの入れ替えや、取り外しだけで、ロッカーや靴箱が有効に使えます！

保育memo
スペースの有効活用を

限られたスペースをいかに効率的に、便利に利用するかを、常に考えておくことは大切ですね。金具を取り付けられるなら、名札をスライドさせて付け替えられるように工夫するのも良いかもしれませんね。

秘密のすご技

秘密のすご技　手作り便利グッズ

むらい先生

裏技その **007** 組み合わせて自由自在に！

おすすめ 段ボールのおうち

様々な大きさの段ボール箱を切り開いて、縁にガムテープやマスキングテープなどを貼って補強しておきます。後は、洗濯バサミを置いておくだけ。子ども自身で仕切りを作れるので、3歳児は自分の周りを囲って満足そうに遊んだり5歳児は友達と協力していくつかをつなぎ合わせ、大きな部屋を作ったりしています。

おすすめ Point
洗濯バサミを置いておくことで、子どもたち自身で自由に仕切りを作ることができます。

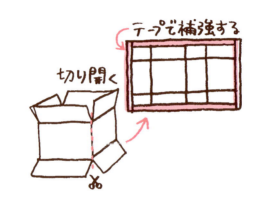

保育memo

様々な展開に期待！

友達と相談しながら協力して砦を築いたり、内装を考えたりするのはワクワクして楽しいものです。たくさんの段ボールで、迷路を作ったり、遊び別のコーナーを作ったりしても。段ボールの保管場所を確保しておきましょう。

なつみ先生

裏技その 008 思い切り雪遊びを楽しめる♪

秘密の雪遊び手袋

子どもたちと雪遊びをするときに、手がかじかむことがないように、ビニール手袋を自分の手袋の下にはめるとぬくぬくです！

おすすめPoint

雪合戦をして、手袋がびっしょりぬれても、中にビニール手袋をはめていれば冷たくなりすぎません。手袋を忘れたときにも◎

誕生秘話

思い掛けず雪が積もった日に、雪遊びをすることになり、トイレにあったビニール手袋をとっさに使用したところ、予想以上に冷たくなくて驚きました。

秘密のすご技

秘密のすご技 **ひと工夫**

ゆうこ先生

裏技その **009** 秘密のバンドが大活躍！

おすすめ ぼくのわたしのタオル

水遊びのとき、子どもたちの服が友達の分と混ざってしまったり、ばらばらになってしまったり…。そんなときは、一人分をひとまとめにしておくと便利です！　平ゴムにビニールテープやマスキングテープを挟んで貼り付け、名前を書いておきます。バスタオルに着替えやパンツを入れてクルクルと巻いて、ひとまとめに。こうしておくことで、見つけやすいだけでなく、ほこりがたまらないので、衛生的にもGOOD！

おすすめPoint
平ゴムを使うと、大きなものでも一つにまとめることができます！

保育memo
多方面でお役立ち！

平ゴムを使ってバンドを作っておくと、多方面に役立ちます。着替えをまとめるほか、お道具箱やパスの箱に付けて蓋が開かないようにしたり、冬は防寒着をコンパクトにまとめたりしてもいいですね。

なつみ先生

裏技その **010** 意外なもので…

おすすめ 壊れない丈夫な仕切り

カラーボックスなどに棚の段を付けたいとき、段ボールを使うと、湿気を含んだり、はがれたりして少しずつ弱まり、毎年作り直すことに…。そこで、お風呂マットがお役立ち！カットしやすく、湿気を含む心配もなく、頑丈です！

おすすめPoint
お風呂マットなら、作成時間もほぼ掛からず、修理する手間も掛かりません！

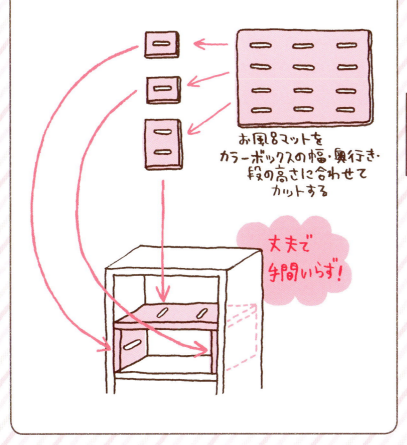

お風呂マットをカラーボックスの幅・奥行き・段の高さに合わせてカットする

丈夫で手間いらず！

秘密のすご技

秘密のすご技　ひと工夫

まつおか先生

裏技その **011** バッチリ伝わる！

フリー通信

職員数が多かったり、時間差で出勤したりすると、フリーの先生はなかなか園全体の動きをつかみづらい…。そんな現状を打破するのが、「フリー通信」です。各クラスの保育内容や動きを毎朝記入し、フリーの先生全員にコピーして配ります。なかなか全員集まっての打ち合わせの機会が持ちにくい場合にも活躍します。

おすすめPoint
保育や実務のことを日々伝えることができます。

誕生秘話
他園で職員間の連携を取り合うために取り入れられていて、とてもいいなと思ったので、オリジナルのフォーマットにアレンジして使っています。

「これで連携バッチリ!!」

「よろしくお願いします!」

「はいっ!!」

「次のページのフォーマットをコピーして使ってね!」

『フリー通信』　　年　　月　　日（　　）

（本日の予定）	（配布物）	（理事長先生の予定）
（　　　　　組）		（園長先生の予定）
（　　　　　組）		（　　　　　　　　）
（　　　　　組）		（　　　　　　　　）
（　　　　　組）	（　　　　　組）	（　　　　　組）

（本日フリーメンバーに伝えたい事）

秘密のすご技

秘密のすご技　ひと工夫

みやざき先生

裏技その **012** おうちの人に聞いちゃおう！

おすすめ ひらがなアンケート

保護者の方に、参観日や発表会などの感想を全てひらがなで書いてもらい、子どもたちが自分で読めるようにしてもらいます。できるだけ大きな字で書いてもらえるように、大きめの紙を用意し、子どもたちに分かる言葉で書いてもらうようにお願いします。

おすすめPoint
保護者の感想に、子どもたちは興味津々です！

誕生秘話

年長組では、参観日に劇を披露し、それを次は年少、年中組さんに見てもらうことになっていました。保護者の方に感想や改善点などのアンケートに協力してもらい、子どもたちが自ら次につなげて取り組めるようにと、ひらがなアンケートを考えました。

保育memo

"褒める"を原則に

褒められると誰もがうれしいもの。次のやる気へとつながります。年齢に応じて、文章量を調節できるといいですね。子どもたちの笑顔がいっぱい見られますように…。

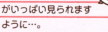

さちこ先生
裏技その 013 子どもも保護者もニッコニコ♪
おすすめ 愛情たっぷり壁新聞

連絡帳がない、または書けない幼児クラス…。子どもたちの言葉だけではまだ心もとない…。そんなときに、とても役立つのが壁新聞です。楽しい活動をした日などに、写真を撮ってプリントアウト。写真とともに、子どもたちのつぶやきやイキイキした様子を書き込んで掲示します。手間は1回で、保護者の方々も子どもたちも楽しみにしてくれ、よく見てくれる上に、会話のきっかけにもなっています。定期発行にすると追い込まれるので、作る頻度を決めないことがポイントです。

おすすめ Point

1年分取っておいて、年度末のクラス懇談会で掲示すると、成長も感じられ、保護者も担任も「懐かしい〜」と会話が弾みます。集まりが遅いときにも間が持ちます！

保育 memo

持続できるように

視覚に訴え楽しむと同時に、理解を深めることは、クラス運営上も大切なことです。ただ一度だけでなく、持続することに意味があります。ほかのクラスとの関わりも考えること。まずは1年間続けられるようにしましょう。

秘密のすご技

秘密のすご技　　ひと工夫

たろう先生

裏技その 014　パチパチッと一石二鳥★
おすすめ デジカメで記憶力アップ!?

日々の子どもたちの様子を撮影するためのデジカメ。いつもポケットに入れておいて、楽しい遊びや子どもたちの表情を撮るときに、周りの様子もパチパチ撮っておきます。その日の記録を書くときに、振り返ることができ、クラスだよりなどにも活用できます。

おすすめ Point
写真を呼び水にして、全体の把握や自分の視点を振り返るきっかけになります。

誕生秘話

印象に残った遊びは思い出せるけれど、「あれ、あの子何して遊んでいたっけ?」「午前中の遊びからどうつながったんだろう」など、覚えていないことも多かったので始めました。

もり先生 裏技その 015 振り返りがラックラク！
おすすめ 個人の見取り表

日案や週案の書式の横にスペースを作り、クラスの子どもたちの名前を書きます。そこに、その日にあったエピソードを簡単にメモして残しておくと、振り返りにも役立ちます。

おすすめ Point

記録を振り返る中で、エピソードをメモして残しておくことで、そのときの状況を思い出しやすくなります。また、育ちの振り返りもしやすく、翌日、翌週の関わりにも生かしやすいです。

秘密のすご技

秘密のすご技　　ひと工夫

カネヤン先生

裏技その **016** 手帳も思考もスッキリと♪
おすすめ スケジュール管理法

手帳を活用し、計画や未定の内容はその週にふせんでメモ。実行した内容のみペンで記入していきます。行事など決まっていることは書いておいてOKです。子どもたちの写真や、もらいものの小さな手紙などは、空いているスペースに貼っていきます。キレイで読みやすく、頭の中もスッキリ整理されますよ。

おすすめPoint
手帳を丁寧に記入し、写真などでかわいらしくすることで、振り返りが楽しみになります！ もちろん整理しておくことで、仕事の効率もアップ！

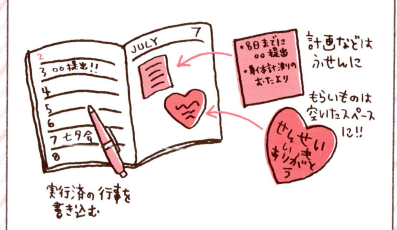

・8日までに〇〇提出
・身体計測のおたより

計画などはふせんに

もらいものは空いたスペースに!!

実行済の行事を書き込む

誕生秘話

クラスだよりの原稿の写真や切り紙など、かわいいものの後始末に悩んでいるときに思い付きました。書類も片付き、手帳の必要性も高まりました。

24

裏技その 017 仕事のやる気もアップ★
記憶はふせんにおまかせ！

しなければいけないことをなんでもふせんに書いて、手帳の裏表紙の内側に貼っておきます。優先順位を決めるときも、並び替え自由！ し終えたものは捨てずに、その日の欄に貼り替えます。文字を書く時間も省けます。

おすすめ Point

手元からふせんがなくなっていくと、「仕事をやった!!」という気持ちにもなりますし、たくさんたまっているときには、優先順位を目で見て決めることができます。

主任になって、仕事が多彩になり、優先順位を決めたり、忘れないようにしたり、また次の年に生かせるようにしたりするために、ふせんを活用しました。

秘密のすご技　壁面

裏技その 018　ずっと使えるMyアイテム

おすすめ 壁面かんたんデコレーション！

壁面飾りでよく使うもの、一年中使い回せるものは大量に作り、ラミネート加工をして、保管しておきます。壁面飾りが、少し物足りないと感じるときに飾り付ければ、一気に華やぎますよ。

おすすめPoint
いろいろな形があると、壁面が明るくにぎやかに見えて便利です！

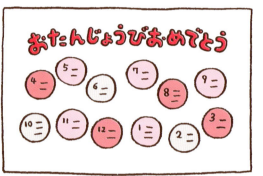

秘密のすご技　　　　壁面

みちこ先生

裏技その **019** 保育室が絵本の世界に！

おすすめ
ローラーでステキな壁面

ローラーに絵の具を付けて、白い画用紙に塗ります。いろいろな色を使うとキレイです。その画用紙を切って壁面飾りを作ると一風変わった作品に。子どもたちにも楽しく作れますよ。

おすすめPoint
色画用紙とはまた違った雰囲気の作品に仕上がります。

誕生秘話

絵本を読んでいて、その作風に似せて作ってみたくなり、試してみました。

なおき先生 裏技その **020** イキイキとした表情に！
おすすめ イラストや壁面の顔をよりかわいくする方法①

人や動物の目には、修正液や白色の丸シールなどを使って白い丸を付け足します。目が輝いて見えるようになり、イキイキした印象になります。

ほんのちょっとした工夫でできるのでおすすめです！

くみこ先生 裏技その **021** ポンポンッとかわいく♪
おすすめ イラストや壁面の顔をよりかわいくする方法②

人や動物を作ったとき、朱色のスタンプ台でほお紅をさします。血色が良く、イキイキと見えるのでおすすめです。

色画用紙でペタッと貼ったときより、ふんわりした雰囲気になります。

秘密のすご技

29

秘密のすご技　製作

かつこ先生　裏技その 022 クルクル楽しい！
紙テープの収納方法

コロコロと転がってしまう紙テープは、棒に通して使いやすくしておきます。通した棒の両端をひもで結び、つり下げておけばOKです。

おすすめPoint
トイレットペーパーのように、なくなったら取り替えることができます！

保育memo

楽しく必要な分だけ

クルクル回るので、楽しく作業できますね。ただし、"ゆっくりと回す""必要な長さだけ出す"ということを約束して行ないましょう。つる高さは、子どもが使いやすい高さに調整しましょう。

かつこ先生　裏技その 023 引っ張って、引っ張って…
毛糸の収納BOX

絡まってしまう毛糸は、牛乳パックで使いやすく収納！　まず、牛乳パックの面の一部を四角く切り取り、底に穴をあけます。次に、中に毛糸を入れ、底にあけた穴から毛糸の先を出します。使うときは、ぎりぎりに切るのではなく、次の人のために少し残して切るようにしましょう。

おすすめPoint
子どもたちが使いたい分だけ、自分で切って使えます。

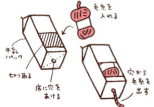

裏技その 024 ストンとはまる、スルスル出せる！
おすすめ スズランテープの収納BOX

かつこ先生

スズランテープは、半分に切ったティッシュペーパーの空き箱で保管します。箱側面の下の方に切り込みを入れ、そこからスズランテープを出すと、スルスル〜と出てきます。

おすすめPoint
立てて並べられるので、スペースを取らずに置いておけます。

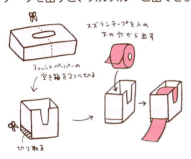

スズランテープと同じ色の布テープを貼っておくと分かりやすい！

大きくて入らないときは…背面を少し残して切り、残した部分に切り込みを！

秘密のすご技

裏技その 025 節約＆片付け時間も短縮
おすすめ 使いすぎ防止！ リボンケース

やまぐち先生

約1.5ℓのペットボトルを使用します。ペットボトルの上部を切り、切り口はビニールテープなどでカバーし、逆さにして引っ掛けられるように穴をあけ、ひもを通したら完成！注ぎ口からリボンを引っ張り出します。

おすすめPoint
下に向かって引いて出すので、たくさん出しすぎてしまうことを防止できます。

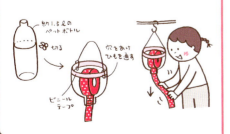

保育memo
使いやすくする工夫を

本数が必要だったり、様々な色のリボンを使いたかったりするときは、まとめて並べて、使いやすいようにしておきましょう。容器をうまく再利用し、役立てていますね。

秘密のすご技　製作

ひさし先生

裏技その **026** もうすこし…

ちょうどいい加減が身につく！ セロハンテープ台

セロハンテープ台の切る側の面に、矢印と"ここまで"という目印の線を付けておきます。目印の線までの長さになっているか確認しながら切ると、セロハンテープをちょうどいい長さで切ることができます。

おすすめPoint
使い始めは、つい引き出しすぎてしまいがち…。これなら、子どもたちが自分で、ちょうどいい長さを加減して使用できます。

保育memo

身近なものから大切に

豊かな環境で生活する現代の子どもたち。ともすれば、資源を無駄に扱うことも…。身近なものから、"無駄をしない""もったいない"の心を育てることは大切ですね。手を切らないよう十分に注意しましょう。

トモキ先生

裏技その **027** 乾燥防ぎます！

接着剤 in タッパー

いろいろな作業で接着剤を使うとき、タッパーに入れて使うと便利です。

おすすめPoint
作品展や発表会など、継続して使うときにおすすめです。

32

ヒロコ先生 裏技その 028 季節の輝きをそのままに!

おすすめ 落ち葉をキレイに保存する裏技

ひと工夫で落ち葉が、うんと使いやすくなります。

おすすめPoint
落ち葉が少量の場合は、水で薄めた木工用接着剤を塗ってもOKです!

① 拾ってきた落ち葉を、まず新聞紙の上に広げます。

② ①の上から新聞紙を載せ、重しにして平らにし、一晩置きます。

③ 平らになった落ち葉を、水で薄めた木工用接着剤にくぐらせ、新聞紙の上に広げて乾かします。

④ 乾いたら完成です!

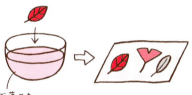

水で薄めた木工用接着剤

秘密のすご技

誕生秘話

作品展で落ち葉を使った作品を作るときに、時間がたつとパリパリに乾いてしまうので、そうならない方法を考えて試してみました。

保育memo

思いも形も残した宝物に

秋の園庭や散歩道などで、赤や黄、茶の艶やかな色や、形、大きさの違う葉っぱを見つけて得意げな子どもたち。宝物のように、ずっと自分のものにしておきたいという気持ちを受け止めたステキな裏技ですね。

秘密のすご技　製作

あつこ先生

裏技その **029** 用途は多用！

おすすめ かんたん！便利な箱

広告紙などで箱を折っておくだけです。製作時に使うパーツなどを分けて入れておいても良し、出たゴミを入れるために机の上に置いておいても良し、とっても便利です。子どもたちが自分で折って、見つけた自然物を保管しておいたり、作ったものを入れておく宝箱にしたりしてもいいですね。

おすすめPoint
製作でゴミ箱として使う場合は、最後に箱ごとポイッと捨てられて便利です。

この状態でたくさんストックしておくと便利！

誕生秘話

製作活動のときに出る小さなゴミを、まとめて最後に片付けるのに時間が掛かっていました。「ゴミはここに入れてね」と一人ひとりに箱を渡すと、すぐにゴミを入れられ、手元をきれいにしながら、最後の片付けも時間が掛からなかったので、たくさん作ってストックしています。

折り方

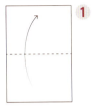

① 長方形の紙を半分に折る

② 折り筋を付け、戻す

③ 真ん中に合わせて折り、戻す

④ 中割り折りをする

⑤ 真ん中に合わせて折る。裏側も同様に

⑥ 巻くように折る。裏側も同様に

⑦ 折り筋を付け、戻す

⑧ 縁を立て、開いて形を整える

⑨ 出来上がり！

秘密のすご技

秘密のすご技　製作／製作後

裏技その **030** カップは大活躍！
おすすめ 製作用プリンカップ

ハサミで切ったものを入れたり、製作で使う材料をあらかじめ入れておいたりするのに、空のプリンカップが便利です。チームに分かれて作業するときは、チームカラーのビニールテープを貼っておけば、用意するのも簡単です。

おすすめPoint
子どもたちにも分かりやすく、使いやすいです。

誕生秘話
1回切りをした際に、切ったものをどうするか迷い、作ることにしました。

わかこ先生

裏技その 031 スペースも有効活用！

おすすめ 手間なく、かんたん掲示！

窓枠に、カーテン用のクリップを通した突っ張り棒を付けておきます。クリップに個別のマークや名前を付けておくとすぐに子どもたちの作品を掲示できます。4～5歳児は、自分で掲示して、のりが乾いてから続きをすることもできるので、子どもたちにも使いやすく、また、誰が作ったものかも分かりやすいのでおすすめです。

おすすめPoint

常設しておくと、保育室内のいろいろな場所に、押しピンやセロハンテープを使わずに、すぐに、簡単に掲示できます。

お散歩バッグをつるしても◎

秘密のすご技

誕生秘話

壁面飾りや七夕飾りなど、子どもたちが、色紙や色画用紙などを切り貼りして作った作品を「できた！」と持って来たときに、のりが乾いていなくて、名前が書けない、置く場所がない、どうしよう…、と困り、考えました。

秘密のすご技　　製作後

れいこ先生

裏技その 032 "自分の"がひと目で分かる！
おすすめ パチッとマイクリップ

洗濯バサミに、ラミネート加工した子どもたちの顔写真を貼り付け、用意しておきます。あしたも続きをしたいので保育室に置いておきたいものなど、子どもたちが自分の作品にパチッと付けておきます。

おすすめPoint
自分も、友達も、保育者もみんなが、誰の作った作品かすぐに分かります！

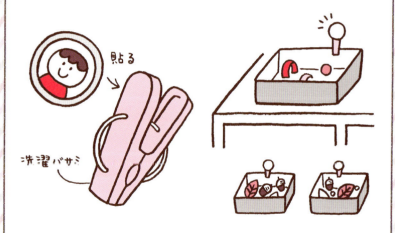

誕生秘話

作ったものが本人にしか分からず、「これ誰の〜？」と聞いて回ることが多かったので、みんなが見て分かる方法を考えました。

ひでこ先生 裏技その033 なんと驚き！

おすすめ アイロンビーズの作品の保存方法！

アイロンビーズで子どもたちは個性あふれる作品を作ります。しかし、園ではアイロンで仕上げられない…、でも残してあげたい…！そんなときは、シール用紙が便利です。ちょうどいい大きさにカットし、作品の上に貼り付けひっくり返すと出来上がりです。これでバラバラになりません！　市販の白色シール台紙が便利です。

おすすめPoint
一定期間飾ることができ、写真も撮ることができます！

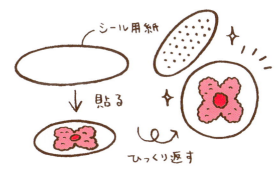

誕生秘話

作ったものを壊さなければいけない子どもの表情はつらかった…。型の数にも限りがあるので、どうにかして残しておく方法はないか…と考えました。

秘密のすご技

秘密のすご技　製作後

裏技その 034 形に残せる！
おすすめ かんたん額縁

段ボール片を作品より少し大きく切り、中をくり抜きます。ブロックの作品や、チョークで描いた絵などの毎日の遊びの中でできた子どもたちの作品を写真に撮り、段ボール片の裏側から貼り付けるだけ！　額縁をデコレーションすると、特別な作品として残りますね。

おすすめPoint

一定期間残しておけない製作物や、子どもたちの遊びの跡を目に見える作品として飾ることができます。梱包用の中敷きの段ボール板が薄くて切り取りやすいのでおすすめです。

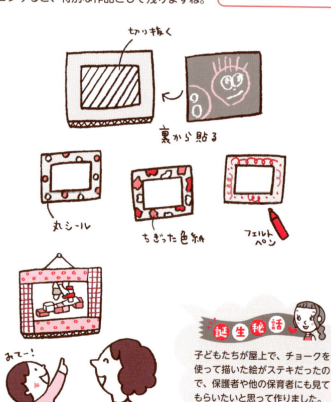

誕生秘話

子どもたちが屋上で、チョークを使って描いた絵がステキだったので、保護者や他の保育者にも見てもらいたいと思って作りました。

くりおか先生

裏技その 035 ひと目で分かる！

おすすめ 並び替えラクラク　氏名印のプチ工夫☆

子どもたちの氏名印は並べて保管しておきますが、その際に、並べた状態で全体に斜めの線を引いておくと、順番がバラバラになったときに整えやすくなります。生年月日順や、五十音順など色を変えれば、複数の並べ方も可能です。

おすすめPoint
途中入園があったときなどは、色を変えて引き直せばOKです。

誕生秘話
子どもたちから、自分の作品に氏名印を押したいと要望があり、後で順番にそろえ直すことに戸惑ったので、工夫してみました。

秘密のすご技　安心・安全

なかにし先生

裏技その 036 とっさのときに力を発揮！

おすすめ サッと出せる避難用ヘルメット

避難時、子どもたちのことを優先しながらも、職員は防災リュックや防災頭巾、ヘルメットを持ち出します。そんなときに、複数個ある職員の避難用ヘルメットを、素早く取り出せるように、あごひもの部分に荷造り用ひもを太く編んだものを通してまとめておきます。

おすすめPoint
ひもが付いているので持ちやすく、取り出しやすいです。

誕生秘話

ヘルメットがバラバラになっていると、避難時に取るのに時間が掛かってしまっていたので時間短縮できる方法をと思い、考えました。

しのぶ先生

裏技その **037** 危険信号が分かりやすい

おすすめ 危険を目でチェック大作戦!!

手作り玩具として、ペットボトルの蓋をつなぎ合わせたり、ペットボトルの中に小さなものを入れたりして、マラカスのようなものを作る際、口（栓）に接着剤やグルーガン、ビニールテープで留めるときにひと工夫！ ビニールテープを赤→黄→青の順番で巻いていくだけで、ビニールテープがはがれていく過程が目に見え、玩具の換え時がひと目で分かります！

おすすめPoint

経験年数問わず、手作り玩具の換え時が分かります。異年齢で遊ぶ中で幼児が気付くことも。

誕生秘話

ガジガジかんで遊んでいる子どもの姿にヒヤヒヤ。ちょうど、交通安全教室の後だったので、青はOK、黄は作り直し、赤は危険と認識できると思い、取り入れました。

ほっこりエピソード 1

疲れもどこかに飛んでいく～!?
子どもたちとのほっこりエピソードを集めました。

3歳児クラスでままごと中、トラブルの仲裁に入ったときのことです。私の顔に、持っていた玩具がバシッと当たり、思わず「痛い!」と言うと、隣で聞いていたNくんが「どうしたん? あたったん?（顔をじーっとのぞき込み）うわっ、ほんとうだ! ちでてるわ…、ちょっとまってや…（薬を塗るまね）、はい、もうだいじょうぶ、おだいじに!」と笑顔で次の遊びへと行った姿に思わずほっこり…。トラブルもすぐに収まりました。

あおやま先生

虫が苦手なAちゃん。「キャー! むしがいる～」と大声で泣いていた姿を見て、怖がらせないように優しく、「虫もいますね」と保育者が言うと、その場は落ち着きました。後日、Aちゃんの保護者が、「家で虫がいて、私が騒いでしまうと、Aちゃんが一言、"むしもいます"と落ち着いた口調で言ったので驚きました」と話してくれました。

じゅん先生

自分のことをいつも名前で「〇〇はね…」と言っていたKくん。ある日突然、「オレはきゅ…」と話し始めました。ビックリして、Kくんに「ねぇ、オレって誰?」と聞くと、「え? りゅうのすけ～」…りゅうのすけ?? Kくんにとっての"オレ"は、お友達のことだったようです。お兄さんなようでまだまだかわいい4歳の男の子にほっこり♡

れいこ先生

いつもダイナミックに砂場で川作りをしているTくん。ある日、作っていた川の幅よりも大きい船を流そうとしたお友達。Tくんは「やめて」と言いましたが、やめないので仕方なく川を広げることに…。友達は船が動いてとってもうれしそう。それを見たTくんは、「よろこんでる!」と、友達が喜ぶ様子がうれしかったようです。人の喜びが自分の喜びになる瞬間にほっこりしました。

くろ先生

お散歩中、いつも歩いてる道に、刈られた草がたくさんあったのを見て、ある子が「せんせい、くさがねてるよ」とかわいい感想をポロッと言ったとき、きゅんとなりました。

ちほこ先生

P.62に続く…

掃除・片付け技

掃除も片付けも収納も効率良くこなして、いつでも清潔＆快適に！

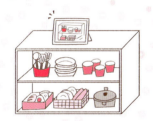

掃除・片付け技

裏技その038 スパッと時間短縮！
掲示物をスパッと外す裏技

セロハンテープなどで貼った掲示物を外すとき、壁にペッタリとくっ付いたセロハンテープを外すのに時間が掛かってしまいます。そこで、掲示するときにひと工夫！ セロハンテープの端を少し折り畳んでおくだけ！ 折り畳んでおくことで、端までペッタリと壁に貼り付かないので、はがしやすくなります。

おすすめPoint
ポスター、掲示物の回収が早くできます！

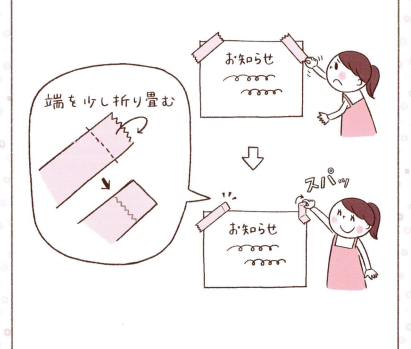

裏技その 039 装飾ラクラク！
掲示物をキレイにはがす方法

窓ガラスに掲示物を貼るときは、スティックのりでなく液体のりを使うとキレイにはがせます。

固まるとキレイにはがれるので、窓ガラスが汚れません。

裏技その 040 キレイに保管♪
壁面製作をファイリング☆

封筒同士を貼り合わせて、それぞれに子どもたちの名前を書いたタグを付けておきます。後は、そこに毎月の作品をどんどん入れて1年間ためていくだけです。子どもたちの作品を壁面に飾った後、それらを年度末に作品集としてまとめる場合の保存におすすめ！

入れやすく、収納しやすいのでおすすめです！

一人ずつファイリング☆
端まで貼り付けないでおくと厚みが出ても大丈夫！

掃除・片付け技

いしざか先生

裏技その **041** ラクラクキレイに！
おすすめ クレヨン消しは粘土におまかせ！

机や床に付いてしまったクレヨンを消すのはひと苦労…。実は、油粘土で簡単に消すことができます！ 滑って転ばないように、油は拭き取りましょう。

おすすめPoint
ゴシゴシこすらなくてもサッと消すことができます。

りかこ先生

裏技その **042** みるみるすっきり☆
おすすめ 引き戸のレールのほこり取り

レールのほこり取りには、輪ゴムを使います。引き戸を引いた状態で、レールの上に輪ゴムを置き、戸を開け閉めします。何度か開け閉めをして、輪ゴムが出てくると、ほこりも一緒に出てきて、キレイすっきり☆

おすすめPoint
取りにくいすきまのほこりがキレイに取れます！

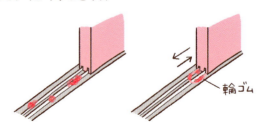

いいづか先生

裏技その 043 みんなでピカピカに！
おすすめ 楽しく雑巾がけ♪

雑巾がけは、子どもたちと一緒に楽しんでできるようにします。保育者や当番が足を広げてトンネルを作り、拭きながらくぐれるようにしたり、足並みをそろえて一斉に進んだりして楽しみます。みんなで楽しく、キレイになる気持ち良さを味わえるようにしたいですね。

おすすめPoint
バリエーションを子どもたちと一緒に考えると、もっと楽しめます。

掃除・片付け技

保育memo
アイディアいっぱいの豊かな遊びを

経験豊かな保育者は、工夫や発見、発明を数多く持っています。日常の保育でひらめいたことは、メモに残し後からまとめて、周りの保育者たちにも教えてあげましょう。アイディアいっぱいの豊かな遊びが広がります。

掃除・片付け技

裏技その **044** シュッとふきふき♪
おすすめ 掃除をするといい香りになる魔法の水

500mlの水に、好きな香り付き柔軟剤を1、2滴混ぜ、霧吹きに入れます。床、窓、棚などに吹き掛け、乾いた布や雑巾で拭きます。柔軟剤が入っていることで、静電気を少しは除去できるのでほこりも付きにくくなります。

> ほこりがたまりにくく、保育室がいい香りに！　保護者からも「いい匂いがする〜」と好評でした。

ありさ先生

裏技その 045 目からウロコの時間短縮技！

おすすめ 洗濯物を早く乾かす裏技

ぬれた布類をなんとかして早く乾かしたい…！
そんなときは、斜めに干すと角に水がたまり、
ポトポト落ちて、早く乾きやすくなります。

おすすめPoint
シーツなど大きなものから、ハンドタオルや雑巾などにも使えます。

掃除・片付け技

掃除・片付け技

まゆみ先生

裏技その **046** いっぱい遊ぶ、その前に…

おすすめ 一緒にしちゃおう！　園庭準備

砂場を掘り起こしたり、鉄棒の下に敷くマットを出したりするなど、園庭の準備は、子どもたちが登園してから一緒に行ないます。遊んだ後は、片付けも子どもたちと一緒に！

おすすめ Point
想像以上に子どもたちは張り切って手伝ってくれます★　保育者の仕事も減ります。

保育memo

安全に配慮し意欲につなげましょう

「手伝って！」と声を掛けると、子どもたちは喜んで集合します。出すものや設置場所などの細かな指示は、テキパキとするよう心掛けましょう。安全には十分に気を付け、遊びたい気持ちへとつなげていきましょう。

やよい先生 裏技その **047** インテリアにひと工夫♪

おすすめ 片付ける場所がすぐ分かる裏技

遊具棚（ままごとなど）に片付ける場所を決めたら、写真を撮り、フォトフレームなどに入れて、棚の上や壁に飾っておきます。保育者も子どもも、写真を見ながら片付けられるので、スッキリ収納できます！

おすすめ Point
部屋のインテリアとして飾るので、「片付けなさい」といった印象を子どもも大人も感じません。

掃除・片付け技

保育memo
年齢に合わせて工夫を

「お片付けしましょう」の言葉だけではなかなかできないのが現実。年齢によって片付け方や掛ける言葉は異なります。お手本の写真があると、低年齢でも上手にできますね。できたらしっかりと褒めることも忘れないで…！

掃除・片付け技

ひろゆき先生　裏技その 048 　見た目ばっちり

おすすめ **片付けラクラクテープ**

ついつい棚の上に、いろいろな物を置きがち…。そんなときは、まず物の置き場所を決めます。決まったら、ビニールテープで四角く囲い、置く物の名前を書いてしまえば、一目瞭然！

おすすめ Point

使わないものは置かないので、いつもキレイを保てます。保護者受けも◎

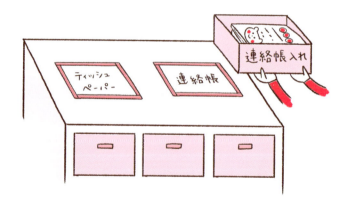

誕生秘話

複数で保育をしていると、どうしても片付けがままならない…。落下物防止の対策も含めて考え付きました。

さゆり先生

裏技その 049 きれいに整理！

おすすめ 大きさいろいろ手作りBOX

段ボール箱や空き箱に、色画用紙や柄付き色紙を貼り、かわいらしくデコレーション。玩具や製作物を入れて整理します。色紙を使うときは、拡大コピーをして貼り付けるとたくさん使わずに作れます。

おすすめ Point

入れたいものに合わせて、様々な大きさで作れます。

拡大コピー

掃除・片付け技

掃除・片付け技

すがこ先生

裏技その 050 スーッと引っ張って…
ビニール袋の収納BOX

ビニール袋の束を縦に2回折り畳み、ティッシュペーパーの空き箱に入れておきます。使うときはティッシュペーパーのように、1枚ずつ引っ張り出せるので、片手しか使えないときでもスムーズに取り出すことができます。

おすすめPoint
子どもにも取りやすくて便利です ★

とみこ先生

裏技その **051** 簡単に作れる！

おすすめ 乳児クラス用　便利な収納BOX

くつ下入れは牛乳パックで簡単に。カラー布テープで囲うように回りを貼ればキレイに仕上がります。朝、登園したら入室前に入れてもらうようにしておきましょう。

エプロン・手拭きタオルは、市販のかごを使って担当保育者別にセットできるようにします。朝おやつ、昼食、昼おやつなど、使用時と子どもたちの名前を書いた紙をラミネート加工し、かごの前面に貼り付けておくと便利です！

おすすめPoint

くつ下入れは、戸外に遊びに行くときにも簡単に持ち運べて便利です。
エプロン・手拭き入れは、担当保育者別にかごにセットしてもらうことで、配膳準備がスムーズに！

〈くつ下入れ〉

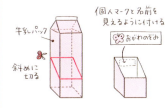

〈エプロン・手拭き入れ〉

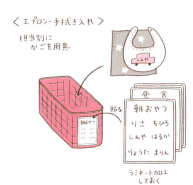

掃除・片付け技

保育memo

こまめな掃除を

低年齢の頃から、自分のものを所定の場所に片付けることを、習慣づけるための良い工夫の一例です。ゴミやほこりが底にたまらないように、こまめに掃除し、清潔に保つことも忘れないでくださいね。

掃除・片付け技

あおやま先生

裏技その 052 なるほど活用術！

おすすめ 歯ブラシ立て

市販の冷蔵庫用のチューブ立てで、歯ブラシはキレイに分かりやすく収納できます。一本ずつ離して入れられ、個人マークのシールを貼れば子どもたちにも分かりやすいです。

おすすめPoint
手軽にできて、使いやすい！

個人マークを貼って分かりやすく！

隣同士がくっつき合わないので衛生的で◎

保育memo
身近なものが大変身！
毎日の生活の中で、何げなく使っているものも、発想の転換で役立つものに大変身します。保育者として、常にアイディアを生み出す気持ちを持ち、保育に生かす楽しさを味わいたいものですね。

ゆうこ先生

裏技その **053** 紛失対策に、整理整頓に♪

おすすめ くつ下ポンッ♪

くつ下がよくなくなってしまって困るときは、クラフトテープの芯で整理ができます。クラフトテープの芯に包装紙や不織布を巻き、浅めのかごの編み目にひもでくくり付け、固定します。そこに靴下をポンッとしまえるので、0歳児から自分でしまうことができます。

簡単に作れて、かごの中で整理整頓ができます。

掃除・片付け技

掃除・片付け技

ゆうこ先生

裏技その **054** お部屋に片付けよう！

おすすめ 収納BOXバリエーション

牛乳パックの形、長さ、貼り方を変えて、バリエーション豊かに収納BOXが作れます。

おすすめPoint
「カスタネットをお部屋から出しましょう、入れましょう」と言うと、喜んで出し入れできます。保育者も、誰のものがないのかパッと見て把握できます。

牛乳パックを…

誕生秘話

カスタネットの名前を見ながら一つひとつ子どもたちに配っていたので、子どもたちが自分で出したり、片付けたりできる収納BOXはないかと考え、作りました。

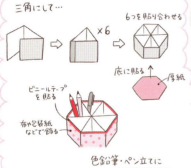

三角にして… → ×6 → 6つを貼り合わせる
底に貼る ← 厚紙
ビニールテープを貼る
布や包装紙などで飾る
色鉛筆・ペン立てに

縦向きに貼り合わせて…
短縄や和太鼓のバチ入れに

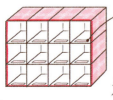
半分の長さで、横向きに貼り合わせて…
一つひとつに名前シールを貼ると分かりやすい

カラー帽子やカスタネット入れに
カスタネットをお部屋に入れてね

おかもと先生

裏技その **055** 持ち運びラクラク♪

おすすめ ペットボトルホルダー

四角いペットボトルの上部を切り取り、並べます。貼り合わせるときに、ハンガーを挟むのがポイント！ こうすることで持ち運びしやすくなります。

おすすめPoint
短縄やタオルなどいろいろなものを入れるのにとても便利です！

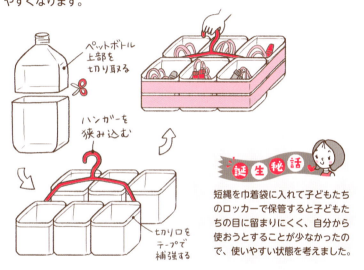

誕生秘話

短縄を巾着袋に入れて子どもたちのロッカーで保管すると子どもたちの目に留まりにくく、自分から使おうとすることが少なかったので、使いやすい状態を考えました。

掃除・片付け技

ほっこりタイム 〜ひさし先生ver.〜

せんせいおだんごみたい

おなかすいちゃたね〜

ほっこりエピソード 2

疲れもどこかに飛んでいく〜！？
子どもたちとのほっこりエピソードを集めました。

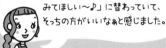

子どもたちがごっこ遊びの中で、紙芝居を始める前の手遊び歌をやっていて、保育者が歌ううたの替え歌になっていました。「しずかにききましょう〜♪」→「みんなにみてほしい〜♪」に替わっていて、そっちの方がいいなぁと感じました。

まり先生

子どもたちの間で、「○○とけっこんする！」という話になり、何人かが「せんせいとけっこんする！」と言ってくれました。そのとき、一人の男の子が部屋の片隅で何やら怒っていたので、「どうしたの？」と聞くと、「ぼくなんか、さいしょからずっと、せんせいとけっこんするっていってたしな」と。ヤキモチをやく姿がとてもかわいかったです。

きむら先生

パンジーの花を見て、笑いながら話をしている双子のSちゃんとMちゃん。そばに寄ると、「みてー、これわらってるの。こっちもわらってるの。みーんなわらってるの。」「ねー。」「ねー。」と顔を見合わせます。「こっちはパパわらってる。こっちはママわらってる。」パパやママ、友達や先生に見立てて楽しそうにおしゃべりしていました。

おおにし先生

友達が遊んでいるポックリを見て、「やりたい！」と張り切る年少児。実際に乗ると、「あれ？うごかないよ…」と自動だと思って待っていました。

カネヤン先生

体調不良で長い間休んでいるお友達のロッカーの前で、「はやくげんきになってね」と、手を合わせて願っている子どもの姿にほっこり。

しみず先生

散歩に出掛ける4歳児を、「いってらっしゃーい」と見送った日の夕方、「せんせ〜！」と声を掛けられました。「どうしたの？」と聞くと、「せんせいもおさんぽ、いきたかったんでしょ」と手のひらにドングリを載せてくれました。「おみやげ」と言ったその子の優しさがうれしかったです。

やよい先生

62

お悩み解決

あなたのお悩みを解決してくれる裏技が見つかるはず…！ できることから始めましょう！

お悩み解決

とみこ先生
裏技その 056 毎日コツコツ…
おすすめ **ピアノ上達法①**

ピアノの練習は、行事前などに短期間で仕上げようとすると、なかなか弾けずに何時間もピアノの前に座ることに…！
まずは楽しいと思えることが大事なので、毎日続けても苦にならないぐらいの時間で毎日練習します。1日に10分程度でいいので、まずは右手から。苦手なところや間違えたときには、もう一度その部分だけ弾き直します。右手が弾けるようになったら、左手も同様に練習して、最後に1回通します。

おすすめPoint
短い時間だと負担も少なく、続けやすくなります。毎日少しずつ上達していく実感が持てますよ♪

誕生秘話
ピアノが苦手な若い先生にアドバイスをすると、2、3年後に子どもや保護者の前で堂々と弾けるように！ 努力は無駄にならないことをこれからも伝えたいです。

裏技その 057 始める前にひと工夫♪
おすすめ ピアノ上達法②

まずはメロディーを歌えるようにします。歌いながら、音程が上がっているのか下がっているのか確認し、楽譜や歌詞に矢印を付けます。矢印を付けたら、それぞれ色を決めて、音符をマーカーなどでなぞると、音程がどう上下するかが一目瞭然！

おすすめPoint
音程の上下をつかむだけでも、指を動かす方向をイメージしやすくなります。

お悩み解決

たろう先生

裏技その **058** コードで簡単に！

おすすめ
伴奏はC、F、Gでなんとかなる！？

童謡や子ども向けの簡単な歌は、難しい伴奏（左手パート）が付いていても、♯（シャープ）や♭（フラット）がなければ、大体C（ド・ミ・ソ）、F（ファ・ラ・ド）、G（ソ・シ・レ）で弾けちゃいます！　後はブン・チャを繰り返すだけで、うまくいきますよ。

おすすめPoint

慣れるまでは難しいかもしれませんが、コードを覚えると楽です。楽譜によっては伴奏（左手パート）がすごく難しいことがありますが、このコードを覚えていれば自分なりにアレンジして簡単にすることもできます！

誕生秘話

採用試験のときにピアノの試験があり、恩師から「とりあえずこの3つのコードだけ覚えなさい」と教えてもらいました。

コードの音さえ押さえれば音の順番を変えてもOKよ！

Cなら…
ブン・チャ　ブン・チャ
ブン・チャ
ブン・チャを
繰り返すだけ

ブン・チャ　ブン・チャ…

保育memo
工夫して練習し、自信につなげて

ピアノは、保育者にとって避けられないがゆえに、悩む人が多いものです。少しでも簡単になるよう工夫できると良いですね。避けるのでなく、あえて持続して練習し、自信へとつなげられるように励みましょう。

ゆみこ先生 裏技その **059** 懇談会もバッチリ！

おすすめ 人前で話すなど、緊張してしまったときには…

クラス懇談会などで話すときに、話し出しをある程度考えていると、スムーズに話し始めることができます。また、大勢に話すというより、笑顔でこちらを見ている人を探し、その人に話し掛けるようにすれば落ち着いて話すことができます。相手に質問を投げ掛けてみるのも◎！

おすすめPoint
保護者に対しては話し方も難しいですが、まず子どもの良い面を8〜9割、気になる面を1割ぐらい伝えることで、話す方も聞く方も気持ち良く終えることができます。

お悩み解決

くろ先生 裏技その **060** 楽しく伝えよう♪

おすすめ 伝えたいことは歌にしちゃおう！

3〜4歳児向けの裏技です。着替えの手順や、今日やることなど、伝えたいことがあるのに、なかなか集中してくれないとき…歌にして子どもたちを引き付けます！　ただ、年齢が上ると、話を聞く大切さも分かってほしいので歌遊びにはせずにきちんと話して伝えます。

おすすめPoint
歌にすると気持ちが向いてきたり、子どもも一緒に歌ったりして、楽しい雰囲気で伝えたいことを伝えられます。

お悩み解決

ひでこ先生　裏技その 061 見出しにひと工夫！

おすすめ 文章が苦手な人のおたよりワザ

文章を書くのが苦手で、イラストもそんなにうまいわけではない私が、おたよりを作る際に一番時間を掛けて考えるのは「見出し」です。各項目の見出しやタイトルを子どもの何げない言葉や思いにして、吹き出しで囲めば伝わりやすくなります。

おすすめPoint
インパクトのあるひと言は、10の言葉を伝えてくれます。絵が得意でなくても、囲みケイや吹き出しならかわいく描けますよ。

「かんでたら あまくなってきた〜！」

子どもたちには昼食時によくかんで食べることの大切さを伝えています。目安として 30回ほどかむように

誕生秘話
前置きの説明などを書いているとだらだらと長くなってしまい、文字が多い紙面に…。まず見出しに伝えたいことを書くことで、スッキリとした紙面になりました。

たるい先生 裏技その **062** 大きく丁寧に…

字がキレイに見えるコツ

自信がないと字が小さくなりがちなので、意識して少し大きめに書くようにします。丁寧に書くと、気持ちが伝わります。

ちょっとしたことですが、印象が変わりますよ！（p.114「美文字レッスン」も要チェック！）

かわばた先生 裏技その **063** すぐ始められる！

コンパクトパネルシアター

持ち運びできるぐらいの小さなパネルシアターがあれば、ちょっとした時間のつなぎに使えて便利です。Ａ４ぐらいの大きさの厚紙にパネルシアター用布（白）を貼り付けます。パネルが入る大きさの簡単な手提げカバンを作ると持ち運びにも便利！

いざやろうというときに大掛かりな準備や時間も必要なく、すぐに始められます。

お悩み解決

お悩み解決

なおき先生

裏技その064 バッタリにも慌てず…

おすすめ プライベートで子どもや保護者と会ったときは…

まず、自分の身なり・服装をチェック！ 子どもの名前やクラス、担任名、卒園児であれば何年前に卒園したかを思い出し、その子のエピソードを話せるように頭で整理します。挨拶は自分からしましょう！

おすすめPoint

保護者や子どもにとっては園外でも「先生」です。プライベートとギャップが広がりすぎないように！

保育memo

TPOに合わせた応対を

立場上、たくさんの人に見られていることは確かです。こちらが知らなくても相手は知っている場合もあるので油断大敵。時と場所、場合に応じて、声の大きさ、話す内容に十分に気を付けて応対しましょう。

裏技その065 ラクラクヨイショ！
重い荷物の運び方①

重い荷物をできるだけ楽に持ち運ぶために、運送会社で働いていたときに教わった方法です。

おすすめPoint
重い荷物を持つことが多く、持ち上げたり運んだりするときに困ってしまいます。そんなときに役立った方法です。

1. ●を押し、★を浮かせる

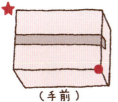
（手前）

2. ★の下の角を持ち上げる

3. すきまに ひざを 入れ、立ち上がるときの ひざを 伸ばす力を 利用して 持ち上げる

お悩み解決

お悩み解決

てるえ先生

裏技その 066 ひと工夫が効果的♪

おすすめ **重い荷物の運び方②**

重い段ボールと軽い段ボールの二つがあった場合、軽い物を下に、その上に重い物を載せて持った方が軽く感じ、持ちやすくなります。

おすすめ Point

重い物を下に、軽い物を上にして持ちがちですが、実は反対の方が持ちやすいのです！

← 重い荷物
← 軽い荷物

物の重心を、自分の体の重心と近づけるようにするといいよ！

ただし無理は禁物です！

ひとみ先生　裏技その **067** スッとスッキリ☆

おすすめ 鼻水をスッと取る方法

ティッシュペーパーを縦に4つ折りにし、鼻に当てて手で軽く押さえ、下に滑らせます。

おすすめPoint

中の鼻水まで取れてスッキリします！

おっちゃん先生　裏技その **068** 安心感でぐっすりと…

おすすめ 寝つきの悪い子が早く寝る方法

子どもの耳の後ろ周辺の髪をモシャモシャ…と触ると、リラックスして寝つきが良くなります。（どの子どもにも、というわけにはいきませんが）

おすすめPoint

お昼寝で、なかなか寝つかない子どもにしてみるといいですよ。

お悩み解決

わかこ先生

裏技その **069** あしたも続けて遊べるよ！

おすすめ 何を入れよう？ わたしの宝箱

遊び途中の玩具などを入れておける、個別の入れ物を作ります。
透明のイチゴパックを一人に一つずつ用意し、油性ペンで自分の名前や好きな絵を描きます。
「なかになにをいれようかな？」と期待を高めながら描いていました。

おすすめ Point

それまでは色紙で作った作品などを個別ロッカーに乱雑に入れていましたが、宝箱に入れて整理するようになりました。
汚れても拭いたり洗ったりできるので便利です。

保育 memo

子どもも保育者もお悩み解消

夢中になって遊んでいる子どもたちに、ストップを掛けるのは心苦しいもの。また、作っている途中で、「あずかっておいて」と託される場合もあります。マイボックスを作っておけば、そのような悩みも解消できますね。

みちこ先生

裏技その **070** ぼく、わたしの し・る・し♪

おすすめ シンボルマーク

遊び途中の玩具などから離れるときに、目印として置いておくための個別のシンボルマークを作ります。ブロックなどで作品を作ったときにもこのマークを一緒に置くことで、誰の作品かが分かるようにします。

白色フェルトを直径8㎝くらいの円形に切り、中に子どもの個別のマークを描きます。カラーフェルトを8㎝より少し大きめの円形に切り、マークを描いたフェルトと木工用接着剤で貼り合わせて出来上がり！

おすすめPoint
このマークを置いておくことで、遊びの途中でトイレなどに行く際にも他の子どもも誰のものかひと目で分かるので、触ったり取ったりすることがなくなります。

誕生秘話
遊んでいる途中でその場を離れているときに他の子どもが触ってしまい、「それわたしの！」と玩具の取り合いになったため作りました。

- 白色フェルト（直径8㎝）
- カラーフェルト
- カラーフェルトペンで描く

トイレいく～
マークをおいていく

お悩み解決

ほっこりタイム ～ひでこ先生 ver.～

せんせい、きょうはなんだかすごくたのしかったネ

明日は、もっと楽しく過ごせるようにしよう！とエネルギーをもらいました。

お悩み解決

よこやま先生

裏技その 071 簡単ビックリ！

おすすめ 室内でもできる野菜作り

野菜を育てることで、毎日生長を追っていくことができ、最終的に「食べる」ことで食育につながると良いと思い、始めました。

おすすめ Point

冬場は日中の日ざしが室内に入りやすいので、室内の日当たりの良い所に置きます。野菜だけでなく、お花も育てられます。

用意するもの……牛乳パック(1ℓ) ペットボトル(2ℓ)

❶ 牛乳パックの赤色部分を切り抜く

切り抜く

❷ ペットボトルの上部を、牛乳パックの大きさに合わせて切り抜く

切り抜く

❸ ②のペットボトルの中に①の牛乳パックを入れる
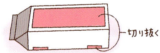
切り口はテープで保護しておくと安全です！

ペットボトルの形に合わせて、牛乳パックの口を畳んでもokです

❹ 土、水を入れたら完成！
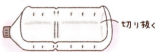
スズランテープでつるしても、棚置きでもどちらでもok!!
土
水

毎日牛乳パックを抜いて、水を入れ替えましょう！

グループごとに作るならペットボトルに絵やグループ名を描いてもいいですね♪

保育 memo
育てる喜びを食べる喜びに

野菜に特に言えることで、好き嫌い解消法として、最も効果的な方法は自分で育てることです。生長の様子を観察しながら、収穫の喜びを味わうことは、結果的に自分が食す喜びへとつながります。

くりおか先生

裏技その **072** 心配ご無用♪

おすすめ 長期休みの植木鉢の水やり方法

長期休みなどで植木鉢に水やりができないときは、包帯を利用します。鉢の底の穴に包帯などの布を差し込み、抜け落ちないようにテープで留めます。水受けやおけなどに水を張り、木片などを渡し、その上に鉢を載せて包帯の先を水の中に落とします。包帯が水を吸い上げるのでこれで安心です。

 おすすめ Point

長期休みの際、植木鉢を持ち帰っていましたが、花屋さんの植木鉢を見てヒントを得ました。

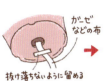

お悩み解決

憧れの保育者

いつか、あんな、こんな保育者になりたい…。憧れの保育者像を聞いてみました。

イモ掘りをしているとき、子どもたちに、「この土の山の宝箱の中に、おイモという宝物が埋まっています」と伝える先生がいて、子どもたちの目が一瞬にしてキラキラと輝きました。イモ掘りに対する意欲をうまく引き出している姿を見て、私もそんな発想ができたら…と思いました。

ちほこ先生

「いいこと考えた！」が口癖の先生がいらっしゃいます。ご自身も子どもたちも日々が楽しそうです。

やまぐち先生

昔、お世話になったM先生。春先に、園庭のあちらこちらに芽吹いたパンジーの芽を、一つひとつ丁寧に集めてひと鉢にし、大切に育てて見事なパンジーを咲かせておられました。命を大切にする原点を教えていただきました。

えいこ先生

年齢的には後輩ですが、大人にも子どもにもいつもリスペクトしているのが分かり、いつも丁寧な対応ができる保育者がいて、目指したいと思っています。子どもの言葉にしっかりと耳を傾け、思いを受け止めようという努力を惜しまない人なので、みんなに大人気なんです。

さちこ先生

子どもたちが本当に慕っていて、遊んでいるときはステキな笑顔♡ 私が子どもに伝え忘れがあったときに、さりげなく「もうひとつ約束があるんだって‼」と言って、私に「あっ！」と気付かせてくれる優しい先生です。

ともみ先生

まり先生

子どもにも、保護者にも、職員にも、安心感を与えられる保育者。この先生がいるだけで、落ち着く、空気がまとまる、という先生に出会い、自分自身が安心感を覚えた経験からです。

子どもの良き理解者で、強い味方のような保育者。私の年長のときの担任の先生です。

いいだ先生

中川李枝子さん。夢を持って保育者になり、試行錯誤しながら前向きに子どもと関わり、楽しむ姿がステキです。

れいこ先生

IV あそび

はじまりのあそび、すきまのあそび、手作り玩具、おすすめあそびアラカルトのラインナップでご紹介！ 園で大人気のおすすめばかりです！

あそび　はじまりのあそび

しのぶ先生　裏技その **073** これで始める!?

おすすめ はじまり　はじまり〜

絵本を読むときに、わざと斜めにしたり裏表紙を向けたりした状態で始めます。「はじまりはじまり〜」と始めると、気付いた子から「ちがーう！」「えー！」などの声が出て盛り上がります。ザワザワしていた周りの子も注目！

おすすめPoint
視覚的にも分かりやすいので、始めはキョトンとしていても繰り返すうちにゲームみたいになります。

保育memo

職員間で教え合いましょう

お話が始まることに自然と気付かせ注目させています。マンネリ化している場合は、子どもたちの年齢に合わせて、いろいろな方法を見いだし、試してみましょう。効果的な方法があれば、職員間で教え合いたいですね。

あきよ先生

裏技その 074 パチパチ なになに？

おすすめ 拍手で始まる楽しい集まりの会

たくさんの子どもたちが一つの部屋に集まるとワイワイガヤガヤざわついてしまいます。そんなときは…、ハンカチを取り出し、上に投げて空中に浮いているときだけ子どもたちが拍手します。重しになるよう、端を結んでおきましょう。
前の方にいる子どもたちだけに説明をして進めれば、それを見て興味を持った子どもたちが遊びに入り、次第に全体で遊ぶことができます。

おすすめPoint

「静かにするよ〜」などと言葉を掛けるより、楽しく始められます！

あそび

あそび　はじまりのあそび

みえこ先生　裏技その **075** 何か見えたよ！

おすすめ これ　な〜んだ？

3〜5歳児におすすめの、紙芝居を始める前の遊びです。
床に座った子どもたちが、横や前に近づきすぎて見えづらい位置に座ってしまった場合、紙芝居が始まってから動いたりすることがあり、落ち着きません。
そこで、始める前に紙芝居の後ろから保育者がサッと「グー」「チョキ」「パー」いずれかの手を出してすぐに引っ込めます。「これな〜んだ？」と聞き、クイズを始めます。5歳児なら「1本指」「2本指」などでもいいですね。

おすすめPoint
紙芝居を始める前に簡単なクイズをすることで見やすい位置がしぜんに決まっていき、楽しく落ち着いて始められます。

誕生秘話
「紙芝居始まるよー」と声を掛けるだけでは味気ないし、手遊びだと興奮してしまうときに、なんとなく手を出してクイズをしたらうまくいきました。

しみず先生　裏技その076　なんだか不思議…
おすすめ 魔法の粉

ザワザワと落ち着かないときなどに、いきなり「魔法の粉が降ってきた！」と上を見上げます。
その粉がポケットに入ったことにして、「この魔法の粉をひと振りするとみんなシーンとなるよ」と言って子どもたちに粉を掛けるジェスチャーをすると、一気に注目してくれます！

おすすめPoint
ケンカなどトラブルの際にも「ニコニコパウダー」と振り掛けると自然に笑顔になりますよ。

保育memo
子どもたちの様子や年齢に合わせて

「こちらを向いて」と言わなくても子どもたちがこちらを向く方法は、保育者の悩むところではないでしょうか。様々な方法を出し合い、そのときの子どもたちの様子や年齢に合わせて登場させましょう。

| あそび | はじまりのあそび |

さちこ先生　裏技その **077** かわいいアイテムをポッケにしのばせて…

おすすめ ピッピとチッチ

注目してほしいときに使えるアイテムです。3㎝角ぐらいの画用紙の中に小鳥を描き、ハサミで切り取ります。裏側に両面テープを貼り付け、両手の人さし指の爪に貼り付けます。小鳥の会話をして、「とんでけ　ピッピー」と言うと片手の人さし指を素早く中指に入れ替えます。小鳥がいなくなってビックリ！「おもどりピッピー」で元に戻します。

おすすめPoint
活動から活動に移るときなどに使います。小鳥が飛んでいったり戻ってきたりするとき、子どもたちは「あれ？」と目を輝かせます。

誕生秘話
年齢の低い子どもたちにどうすれば集中してもらえるかを考え、視覚から訴えようと思い付きました。まるで魔法みたいと喜んでくれました。

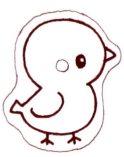

コピーして切り取り、色を塗って使ってね！

| あそび | はじまりのあそび |

おぐら先生

裏技その **078** ゆったり楽しく…

おすすめ 静かな手遊び

いつもしている手遊びを小さな声で落ち着いて歌います。なんでもまねをするのが大好きな子どもたちにおすすめです。

おすすめPoint
絵本を読む前などにすると、静かに始められます。いつもの手遊びがちょっと新鮮に!

保育memo

時と場合、場面によって使い分けを

ともすればいつも張り切った声を出しそうになりますが、時には小声でテンポを変化させると、子どもたちは注目すること間違いなし! 時と場合、場面によって使い分けができるのも、保育者のプロとしてのテクニックです。

おけたに先生

裏技その **079** 思わず反応しちゃう!?

おすすめ 突然だるまさんがころんだ

5歳児向けの遊びです。
自由遊びの片付けの前や、園庭から保育室に戻るときに、突然「だるまさんが…」と声を掛けます。「ころんだ！」の声を聞いた子どもたちはピタッと動きが止まります。全員が止まったタイミングで次に行なうことの説明を始めます。

おすすめPoint
遊びの中で興奮して落ち着かなくなったときや、おもちゃの片付けの声掛けをする前などに突然始めると子どもたちがパッとこちらを向いて集中してくれます。

誕生秘話

子どもたちが好きな遊びだったので、「座りましょう」や「静かにしましょう」の言葉の替わりに取り入れてみました。

あそび

あそび　はじまりのあそび

よこた先生　裏技その 080　今日はどのクイズ？

おすすめ お帳面クイズ

毎日、子どもたちに連絡帳を返すときに、普通に名前を呼ぶのではなく、たまに「お帳面クイズ」をします。

おすすめPoint

「次は誰だろう？」と注目して見てくれます。
子どもたちもクイズが大好きで、「さかさまからよんで〜」とよく言っています。

バリエーション ① 始めの文字しか言わない

バリエーション ② 逆さから呼ぶ

バリエーション ③ 口パクで言う

バリエーション ④ その子の特徴を言う

バリエーションを子どもたちと一緒に考えても楽しいですね！

保育memo
広がる関心と豊かな発想

「つぎはどんなクイズかな？」「ぼく（わたし）のこと…？」と関心が次から次に変わっていきます。ワクワク、ドキドキする気持ちもあふれますね。柔軟性豊かな発想も期待できるでしょう。

あそび / はじまりのあそび

ひろゆき先生　裏技その 081　気分は神主！
おすすめ 逆さ言葉ゲーム

4～5歳児向けの遊びです。
人数確認のために名前を呼んだり、これからの活動について伝えたりするときのゲームです。
子どもの名前や、伝えたい内容を逆さ言葉で言います。振り向いたり、何を言っているか考えたりする子どもたちが多いです。

おすすめ Point
異年齢で遊んでいるときも、5歳児が4歳児に教えたり、楽しみながらいろいろなことを確認したりすることができます。

裏技その 082 簡単クイズ♪

おすすめ 輪ゴムどっちかな

輪ゴムを切って、一本にします。両手で引っ張って、片方を離し、どちらの手の中に輪ゴムが入っているか、クイズにします。

おすすめPoint
簡単ですぐにできます！

裏技その 083 別人に変身!?

おすすめ メガネを外すと…?

ふだん、メガネを掛けている保育者が、メガネを外すだけ！ 別人に見えるそうです。たったこれだけで、子どもたちが注目してこっちを見てくれます。

おすすめPoint
あまり頻繁にはできないですが、遠くにいる子もやって来るときもあります。

あそび

| あそび | すきまのあそび |

くみこ先生 裏技その084 人数が増えても大丈夫！

おすすめ 『八百屋のお店』替え歌

3〜5歳児向けの遊びです。
好きな遊びが終わり、手洗い・うがい・排せつなど、それぞれの子どもたちが自分のペースで行ない、保育室に戻るまで時間差があるので、おなじみの歌を替え歌でうたいながら待ちます。

おすすめPoint
この遊びが始まると、自分の名前を呼んでほしいので、部屋に戻ってくると保育者の周りに自然に集まってきます。

『八百屋のお店』の替え歌で

1

♪○○ぐみの〜
おへやで すわっている〜
おともだちの なまえ〜
いってごらん〜

2 ♪よくみてごらん〜　♪かんがえてごらん

3

○○ちゃん　△△くん
ハイハイ

時々、違う名前を呼んで「いないよ〜」など言って楽しみます。

保育memo

慣れ親しんだ歌で

初めに元の歌をうたった流れのまま、替え歌に移行すると、子どもたちはその変化と、自分との関わりに楽しみも倍増するでしょう。慣れ親しんだ歌の替え歌は、子どもたちの興味・関心を引きます。

なかむら先生 裏技その 085 ワクワク…ドキドキ…

おすすめ ゴロゴロ ドカン! 玉送りゲーム

3〜5歳児が分かりやすいルールで遊べるゲームです。

① 鬼を一人決め、鬼を囲むように円になって座ります。
② 鬼は目をつぶり、「ゴロゴロ…」(雷の音)と言います。その間、円になっている子どもはボールを次に送っていきます。
③ 鬼が「ドカン!」と言ったときにボールを持っている子どもが次の鬼になります。

おすすめPoint
狭い場所でも短い時間でも楽しめる遊びです。ボールがなくても、お手玉や人形などでも遊べます。

保育memo
子どもたちに合わせて遊びを展開しよう
年齢や特徴を捉えて、子どもたちに合ったゲームの内容や、ルールを考えていくことが大切です。ルールの数を増やしたり、少し複雑にしたりして工夫していくと、年齢の特徴や成長の様子を見ることもできます。

| あそび | すきまのあそび |

すがこ先生　裏技その086　バリエーションいろいろ！

おすすめ すきま時間に、みんなでゲーム！

みんながそろうまでのちょっとしたすきまの時間にパパッと遊べるゲームです。

おすすめPoint
活動の合間にゲームやクイズをすることで、興味を持って友達と楽しんだり、スムーズに集まったりして、保育者の話にも集中できます。

バリエーション
1 あみだくじ

ホワイトボードにあみだくじを描いておき、早く来た子どもから選んで遊ぶ。

バリエーション
2 絵合わせゲーム

ホワイトボードにマグネットを付けた絵カードを貼って、早く来た子どもから、絵遊びをする。

バリエーション
3 ジェスチャーゲーム

一人に前に出てきてもらい、ジェスチャーをする。当たった子どもは次に前に出てジェスチャーを、順番に交代しながら遊ぶ。

せんせいクイズ

裏技その 087 準備物なしで簡単に始められる♪

カラフルなものやキャラクターもののタオルやくつ下などをついつい買ってしまいがちなので、毎日のちょっとしたクイズに使います。
保育者「クーイズクイズ！」
子ども「なーにがクイズ！」
保育者「先生のくつ下の色は？」
など、何げないクイズにします。
「先生が今日持っているタオルのキャラクターは？」「朝ごはんは何を食べたでしょう？」など、お題はなんでもOK！

おすすめPoint
ほんの少しのすきま時間に、何も用意していなくても身に着けているものだけでできます。

あそび

あそび　すきまのあそび・手作り玩具

裏技その **088** 子どもたちのアイディア満載！

おすすめ みんなの好きなもので文章作り

活動が始まる前に何人かに簡単な質問をします。
例えば…
「好きな食べ物は何？」
「大きくなったら何になりたい？」
「好きな色は？」などです。
それぞれの回答を黒板に書き、出てきた単語で文章を作ります。

おすすめPoint

友達との話に夢中になっている子も、何が始まったかと保育者の方を注目してくれます。
子どもによっていろいろな文章を考えるので面白いです。

裏技その 089 広がりにビックリ！
フェルトのボタンつなぎ

おおにし先生 / おすすめ

ボタンに興味を持つようになった2〜3歳児におすすめです。
たくさん作って遊びに取り入れられるようにしておきます。

おすすめPoint
ブレスレットや時計に見立てたり、ネックレスやベルトにしたりなど、遊びが広がっていきます。

あそび

| あそび | 手作り玩具 |

裏技その090 発達に合わせて…
手作りクルクルおもちゃ

大好きな大人の声を心地良く聞きながら、一人ひとりにぴったりの遊び方が楽しめる玩具です。月齢に応じてペットボトルの上に乗せるようにすると、座った姿勢でも楽しめます。
用意するもの…ネクタイハンガー・ぬいぐるみまたは人形・鈴

おすすめPoint
顔の上でクルクル回るのをじっと見たり、人形を外して手に持ったりして楽しめます。

保育memo
身近なもので、優しく笑顔で

子どもは動く玩具が大好きです。身近にある材料をうまく利用して作れるところが良いですね。子どものそばで、優しく笑顔で語り掛ける保育者の存在も大切だということを忘れないでくださいね。

さちこ先生

裏技その091 安全に楽しく！

おすすめ なにかな？ なにかな？

小さめの箱の底に穴をあけ、つづりひもなどの柔らかいひもに鈴、穴あきおはじき、毛糸のポンポンなどを通し結び付けます。
作ったものを机や玩具棚などの上にいくつか並べておきます。

おすすめPoint

一人静かにそーっと手を入れて、リンリン♪と音を鳴らしたり、毛糸のポンポンをムニムニッと触ったりするときの子どもの表情がとてもかわいいです！

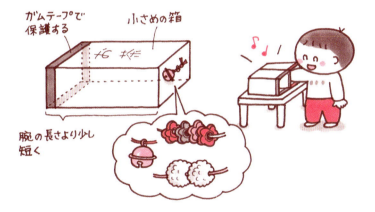

誕生秘話

ほんの少しのすきまにも手を突っ込みたがる子がいたときの0歳児クラスで、「思う存分手を突っ込ませてあげよう！」と思い作りました。

あそび

| あそび | 手作り玩具 |

たかこ先生

裏技その092 優しいアイディア★

おすすめ **安心手作りコマ**

3〜5歳児向きの、軸にスチロール棒を使用した、安全なコマです。
用意するもの…画用紙・スチロール棒

おすすめPoint
想像以上によく回ります！

- スチロール棒
- 厚紙（直径4〜5cm）
- カッターで削る（削らなくても回る）
- クルクルきれい〜

誕生秘話

今まで竹ひごなどを使っていましたが、細くとがったものは危険なので安全な素材を使用しました。

裏技その 093 作るのも楽しい！
おすすめ 芝滑り用そり

① 段ボールを広げる
② スズランテープを三つ編みにする
③ 段ボールを半分に折り、中に②のスズランテープを通してカラーテープで留める
④ 上に乗ってスズランテープを持ち、芝の上などを滑る

出来上がったそりにペンで絵を描いてもいいですね。

用意するもの…段ボール・カラーテープ・スズランテープ

おすすめPoint
ひもを通して半分に折るだけでできるので子どもたちも簡単に作ることができます。

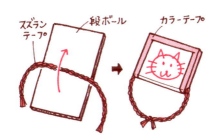

保育memo
大活躍の段ボール

段ボールは、手に入りやすく、様々な遊びで活躍します。自分で作ったそりでは、楽しさも倍増します。冬の雪滑りにも使えますね。使用後の片付け方や保管の方法などについても、しっかりと考えておきましょう。

あそび　おすすめあそびのアラカルト

あべ先生

裏技その **094** いっぱい遊べる！

おすすめ ガチャポンケースで水遊び

ガチャポンケースをそのまま水の中に入れても楽しめますが、ケースの中に音の鳴る物や指人形などを入れるとより楽しめます。中に物を入れるときにはテープで留めて中身が出ないように注意！

おすすめPoint
ガチャポンケースは、子どもたちの手の大きさに合ったサイズで、穴からジョウロのように水が出るので、水遊びに最適です。

誕生秘話
0歳児の水遊びの玩具が足りないときに、部屋にあったガチャポンケースを入れてみると、プカプカ浮いたり、穴から水が出てきたりして、喜んで遊んでいました。

みほ先生

裏技その 095 夏におすすめ！

色水で感触遊び

ジッパー付き保存袋に色水を入れて、閉じたところを透明テープで留めます。
プール遊びができなくても、触るとひんやりして気持ちいい！

おすすめPoint
いろいろな水にすると、目で見ていても楽しめます。

保育memo
言語獲得のきっかけにも

プール遊びで楽しんでいるそばに準備しておくのも良いですね。色の名称を覚えたり、冷たいという感覚を味わったりと、低年齢児には言語獲得の機会にもなります。子どもたちの表情や言葉に注目です。

あそび　おすすめあそびのアラカルト

ちさと先生 裏技その **096** 手作りで楽しく♪

おすすめ 金魚すくい

夏になると、お祭りなどで金魚すくいやボールすくいを目にすることが多くなります。身近な素材で手作りの金魚すくいを作ります。

① しょう油さしの容器に食紅を水で溶いて入れ、蓋をする。絵の具ではなく食紅で安全に！
② タライに水を入れ、①の魚を入れる
③ スプーンで金魚すくいをする

用意するもの…しょう油さしの容器（魚の形）・タライ・食紅・スプーン

> **おすすめPoint**
> プール遊びがダメでも、水遊びはできるというときに役立ちました！

食紅を溶いた水

保育memo

楽しむ機会を平等に

しょう油さしのほかにも、スポンジを魚の形に切るなど、水遊びをより楽しくする方法は様々に考えられますね。時間差をつけるなど、プール遊びができる子ども、できない子どもそれぞれが平等に楽しめるよう配慮しましょう。

ゆきこ先生

裏技その **097** みんなでニッコリ♪

おすすめ いいところさがし

5歳児向けの遊びです。
友達のいいところを見つけて発言し、その褒められた言葉を紙に書いて貼り出します。
人前で発言する力や、褒められることで自尊心が育ちます。

おすすめPoint
遊びを通して友達のいいところを自然と見つけるようになります。

誕生秘話
友達の悪いところばかり言いに来る子どもがいたので、そのよく見る力をいい方へ向けようと思って考えました。

保育memo

笑顔の花をたくさん咲かせよう

友達のいいところを見つけ、伝えるということは、就学前にぜひ身につけたいことです。園での経験から、家庭でも"いいところさがし"をすると楽しいでしょう。笑顔の花がいろいろなところでたくさん咲きそうですね。

あそび　おすすめあそびのアラカルト

ふみか先生

裏技その **098** 雨の日におすすめ！

おすすめ 文字遊びゲーム

5歳児向けの遊びです。
① 一人ずつ自分の名前の中から1文字を選び、その文字を保育者がひらがなでホワイトボードに書く
② 全てそろったら、保育者が「2文字の動物」などのテーマを決める
③ 子どもたちは順番に、ホワイトボードに書いてある文字だけを使って答えていく（「とら」「うし」など）
④ 保育者は、答えが出たら丸で囲む

> **おすすめPoint**
> 狭い空間でも、黒板やホワイトボードがあればできます。

> **保育memo**
> **無理なく文字への興味を**
> 楽しくゲームをしながら、無理なく文字への興味を導き、就学にも期待が持てるようになることでしょう。どんなテーマにするかを子どもたちと一緒に考えると、より一層面白くなりますよ。

みのり先生

裏技その 099 本物？ ニセモノ？

おすすめ ネイチャーゲーム

散歩の途中、遊歩道などの安全な場所で行なうゲームです。
本物の自然の中に用意しておいた「ニセモノ」を置き、ニセモノが何個隠されているかを探します。

（例）木の幹に茶色の毛糸を巻く、植え込みの中に画用紙で作った草を置く、石の中に丸めた灰色の紙を置く　など

おすすめPoint

簡単な材料で何度も繰り返し楽しめます。グループ対決など、難易度を変えて楽しむこともできます。

誕生秘話

ふだんの散歩の中でひと工夫し、戸外で楽しめる遊びとして始めました。

あそび

保育memo

"気付き"の芽生え

いつもの散歩コースも、時には「はっ！」とする瞬間があると、新鮮かつ楽しく冒険できるのではないでしょうか。"気付き"が芽生え、観察する方向へと育ちます。様々に場所を変えて、試してみると楽しいですね。

あそび おすすめあそびのアラカルト

よこた先生　裏技その100　どんな形になるのかな…？

身近なものでスタンプ

身近にある素材がスタンプに変身します。
果物ネット…果物ネットをプリンカップなどにかぶせてテープで留める
新聞紙…ねじった新聞紙で形を作る。箱などに貼り付けるとスタンプしやすい
割りばし…箱に割りばしを接着剤で貼る
段ボール…段ボールを丸めるだけで面白いスタンプに。断面がギザギザ模様の方がくっきり写る

おすすめPoint
子どもたちがスタンプを作ると、いろいろな大きさや形のものができて面白いです。

保育memo
スタンプ遊びの後も…
色や大きさ、形などを様々に変えて、スタンプを楽しめますね。乾いたら、おしゃれな服を作ってファッションショーをしたり、箱に貼ってステキな自分だけの箱を作ったりするとより楽しくなりそうですね。

はまだ先生

裏技その **101** ダイナミックに遊ぼう！

おすすめ ベチャッ　コロコロ　ペタペタ！

投げる…新聞紙やティッシュペーパーを破り、水につけ、のりと絵の具を入れて混ぜる。だんご作りなどをして遊んだ後、紙を貼った壁に投げる

転がす…水にぬらして絞ったシーツまたは紙の上で、絵の具を付けたボールを転がす（傾斜をつけられればさらに面白い）

スタンプ…各自、家から汚れてもよい靴やサンダルを持って来て、裏に絵の具を付けて履いたままシーツや紙の上を歩く

用意するもの…シーツまたは模造紙・新聞紙・ティッシュペーパー・ボール・汚れてもいい靴やサンダル

おすすめ Point

転がすのは傾斜が緩やかであれば、コロコロを転がしりとても楽しいです。投げるのも開放感で大胆になれて楽しいです。スタンプも、足跡が残っていくのが楽しく盛り上がります！

保育memo

遊んだ後も楽しく活用！

子どもたちの大好きな動きで、思いっきりのびのびと遊ぶ楽しそうな声が聞こえてきそうですね。遊んだ後は、壁面に飾るなど、次に生かす工夫やアイディアを考えておきましょう。子どもたちの着替えの準備も忘れずに。

私のポリシー

保育者として、これだけは譲れない！　内に秘めたるポリシーを教えてもらいました。

子どもからの問い掛けや誘いに対しては必ず対応する。

忙しくて、その場で対応できないことがあっても、用事が済んだら必ずその子のところに行って、応じるようにしています。子どもが覚えていないこともありますが、忙しくてもあなたのことはずっと見ているよ、ということを伝えています。

まゆみ先生

一人ひとりの個性や気持ちを大切にする。子どもたちと遊ぶときには、同じように思い切り楽しむ。

「先生が子どもたちと遊んでいると、どこにいるのか分からない」と言われるとうれしいです。

あべ先生

子どもが足りていないことは、自分の保育に足りないことがあるという考え方。

みやざき先生

笑顔

当たり前のことですが、子どもを前にするときは笑顔で接するようにしています。その分、大切なことを伝えるときに表情を変えると、子どももしっかり受け止められるように思います。

りえ先生

子どもの気持ちに寄り添いながら、一人ひとりの個性を大切にしていきたいと、いつも考えています。

おぎはら先生

110

どんな場面、状況に置かれても、最後まで子どもと向き合っていくこと。

みずの先生

日々、感謝の気持ちを伝えることです。元気に登園してきてくれる子どもたちに、職場の先生方に、保護者の方に、伝えるようにしています。

よこた先生

毎朝、勤務時間より少し早く現場に入り、一日の仕事の仕方を確認します。

じゅん先生

挨拶と返事は、相手の目を見てしっかりとするということを子どもたちに伝え、自分も心掛けています。

なおみ先生

危険な行為をしたり、自分がした悪いことを人のせいにするなどのうそをついたりしたときは、理解できるまでとことん話し合います（声のトーンも真面目に）。

なかがあ先生

必ず目と目を合わせて挨拶すること。

ゆうこ先生

できるだけ、子どもの目線になって会話をすること。

たかえ先生

両親の次は、担任の先生という子どもの気持ちであってほしいです。

あきよ先生

私のポリシー

大きな声で伝えるのではなく、間違ったことをした子どものそばに行き、目を合わせていけないことの理由を伝えます。大声を控え、静かな保育を目指したいです。

おぎはら先生

よこやま先生

子どもたちが興味を持ったこと、やりたいことは、無理と決めないで計画を立て、とりあえず一緒にやってみます。

ともみ先生

食事、排せつ、着脱では、たくさん褒め、受け身でいること。楽しんで食べる、やる気、取り組みたいという気持ちを大切にしています。

きれいな日本語を使う。

ゆか先生

**0歳児でも
一人の人格を持った人間。**

「子どもだから…」という考え方はせず、人として尊重していくこと。

ひでこ先生

より良い保育者の関わりが大切。
若い先生の意見にも耳を傾けるようにします。
協力・感謝・敬意・ユーモア

ゆみこ先生

思いやりを育てる

愛他心、共感性とも表現します。思いやりを高く評価する保育者に育てられた子どもは、仲間にも影響し、愛他的だと評価されることが広がります。保育者が子どもの前で繰り返し、温かく友好的で、親切に振る舞う思いやりを示せば、子どもも思いやりの深い子が育ちます。保育者の保育姿勢のポリシーとして、譲れないものだと思います。

さく先生

おまけ

美文字レッスン、デコ文字レシピ、保育のポッケネタなぞなぞ＆えかきうたを収録。手元に置いておきたいおまけを集めました！

おまけ ① 美文字レッスン

にゅうえんしき　　　　　　うんどうかい

せいかつはっぴょうかい　　さくひんてん

そつえんしき　　おたんじょうびおめでとう

美文字レッスン

ふだん子どもたちが目にする場所や、保護者向けの文面などに文字を書くときは、正しい形でキレイに書けるようにしておきましょう。

数字のポイント
垂直・水平に気を付けながら、形を整えて書きましょう。

ありがとう

横書きのポイント
文字をやや平らに書きましょう。バランスのズレが目立ちにくくなります。

縦書きのポイント
文字の大小のバランスに注意して、中心をそろえて書きましょう。

○さい

○くみ

○○せんせい

おまけ 2

基本の正しい字体を身につけた上で、楽しい雰囲気にしたり、
目立たせたりしたいときには、デコレーションアレンジに挑戦してみましょう！

1 点
端や角に点を付ける。

あいうえお

2 線
始めと終わりに線を付ける。

あいうえお

3 太く
一部の線を太くする。

あいうえお

4 重ねる
二重になるように線を重ねる。

あいうえお

5 袋文字に
文字の周りをかたどる。

あいうえお

6 袋文字＋α
袋文字をドットなどで飾る。

7 囲う
文字の周りを囲う。

8 塗る
四角く袋文字にし、一部を塗る。

9 ダイヤ
線の端にダイヤ形を付ける。

10 モコモコ
モコモコの袋文字にする。

おまけ ② デコ文字レシピ

アレンジ ① ふきだし・飾り枠をプラス！

アレンジ ② 飾りケイをプラス！

文字を、ふきだしや飾り枠で囲むと、インパクト大で目立ちます。

文章を区切るときに使うと便利。囲むように描けば、飾り枠にも！

おまけ 3

保育のポッケネタ

とってもかわいいなぞなぞ＆えかきうたを集めました。
ポッケに忍ばせておきたいお楽しみネタです。

なぞなぞ

1 ★☆☆

あまくて　おいしくて
ひんやり　つめたくて
あったかいと　とけちゃうの
このいす　なーんだ

答え **アイス**

2 ★☆☆

てんきの　いいひに
あたまに　かぶります
このうし　なーんだ

答え **ぼうし**

3 ★★☆

この　パンは　あらえます
だけれど
おふろに　はいるときは
おいていきます
これ　なーんだ

答え **パンツ**

4 ★★☆

ぞうさん　おおきいなあ
ありさん　ちいさいねえ
それじゃあ　ねずみさんは
どのくらい？

答え **ちゅう、くらい**

5

★★☆

めにみえるけれど とうめいで
さわると みんな ぬれちゃって
あまくて おいしい おなまえだけれど
たべるものでは ありません
おや ふってきた これなんだ

ヒント

しとしと ざーざー
おとがするよ

答え あめ（雨）

6

★★☆

ごはんのまえは
おなかがいっぱいだぞぅ
ごはんのあとは
おなかがからっぽだぞぅ
ひんやりするぞぅ
これなんだ

ヒント

しかくい おおきい
はこだぞぅ

答え れいぞうこ

7

★★★

そらをとぶけど ひこうきじゃない
はりがあるけど ミシンじゃない
すうじみたいで すうじじゃない
しましまパンツをはいてるけれど
おにでもないよ これなんだ

ヒント

チクンと さすかも
これなんだ

答え はち

おまけ 3 保育のポッケネタ なぞなぞ えかきうた

8 ★★★

だまってなんて いられません
いつでも おしゃべり しています
あなほる ときも
トンネル つくるときも
おしゃべりしてます これなんだ

ヒント
ほんとうに
よく しゃべるんです

答え シャベル

9 ★★★

けんかしたら でちゃったの
こわい ゆめみて でちゃったの
おこられても でちゃったの
いっぱいわらったら でちゃったの
ホッとしても でちゃったの
これ なーんだ

ヒント
みんなの めから
でちゃったの

答え なみだ

10 ★★★

みえるけれど さわれません
めをあけていると みえません
だれかと いっしょに みたいけれど
きみ ひとりにしか みえません
これ なーんだ

ヒント
ひるまも みることが
あるけれど
よる みることが
ほとんどです

答え ゆめ

122

えかきうた

ひこうき
♪『大きなくりの木の下で』

1 おとうさんの くつしたに

♪おおきなくりの きのしたで

2 ぼくゆび いれて

♪あなたと わたし

3 あながいっぱい あいちゃった

♪なかよく あそびましょう

4 ぐるっとまわして ひこうきブーン

♪おおきなくりの きのしたで

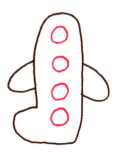
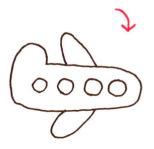

おまけ 3 保育のポッケネタ えかきうた

ぶた
♪『アブラハムの子』

1 ぼくのすきなの　めだまやき

♪アブラハムには　7にんのこ

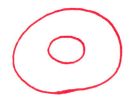

2 たまごサンドに　ツナサンド

♪ひとりはのっぽで　あとはちび

3 おまめもだいすき
いちにのさんし

♪みんななかよく　くらしてる
さあ

4 ぶたさんです

♪おどりましょう

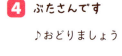

パイナップル

♪『ぞうさんとくものす』

1 とおいうみの　むこうがわ
おおきなしまが　ありました

♪ひとりのぞうさん
　くものすに　かかって
　あそんで　おりました

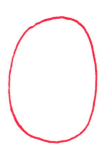

2 あめが　ふって

♪あんまり　ゆかいに

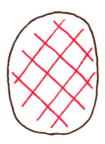

3 くさはえて
パイナップルが　なりました

♪なったので　もひとり
　おいでと　よびました

おまけ 3 保育のポッケネタ えかきうた

ねこ
♪『いとまき』

1 おさらがいちまい

♪いとまきまき

2 おにぎりふたつ

♪いとまきまき

3 ごまを3つぶ　おきましょう

♪ひいてひいて　トントントン

4 おやおやごまが　とびだした

♪できた　できた

5 にゃんとびっくり　ねこちゃんです

♪こびとさんの　おくつ

ぶどう
♪『ごんべさんの赤ちゃん』

1 まるちゃんがひとりで
おりました
まるちゃんがまるちゃんを
よびました 「おーい」

♪ごんべさんのあかちゃんが
　かぜひいた
　ごんべさんのあかちゃんが
　かぜひいた

2 まるちゃんがふたり　やってきて
みんなでまるちゃんを
よびました 「おーい」

♪ごんべさんのあかちゃんが
　かぜひいた
　ごんべさんのあかちゃんが
　かぜひいた

3 まるちゃんがさんにん
やってきて

♪ごんべさんのあかちゃんが
　かぜひいた

4 みんなでぶどうを　たべましょう

♪そこであわてて　しっぷした

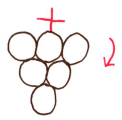

127

★アンケート協力

『月刊　保育とカリキュラム』編集委員
0〜5歳児研究グループ／特別支援児研究グループ／
異年齢児研究グループ／保育教材研究会
ほか現場の先生方

★掲載案指導（五十音順）

保育園
朝和保育園（奈良）
大冠保育園（大阪）
華表保育園（奈良）
こどもの王国保育園（東京）
佐紀こだま保育園（奈良）
はぐみ保育園（奈良）
龍谷保育園（大阪）
東京都公立保育園　10か園

幼稚園
関西女子短期大学附属幼稚園
（大阪）
グレース幼稚園（大阪）
向南幼稚園（東京）
神山幼稚園（東京）
武蔵野東第一・第二幼稚園
（東京）
大和郷幼稚園（東京）
東京都公立幼稚園　2か園

認定こども園
あやの台チルドレンセンター（和歌山）
おだ認定こども園（東京）
かなおか保育園（大阪）
五ヶ荘保育園（大阪）
五字ヶ丘幼稚園（兵庫）
こだま保育園（奈良）
たちばな保育園（大阪）
立花愛の園幼稚園（兵庫）
つくし幼保園（和歌山）
津田このみ学園（兵庫）
とみなみこども園（大阪）
姫路日ノ本短期大学付属幼稚園（姫路）
武庫愛の園幼稚園（兵庫）
東京都公立こども園　1か園

他
日下部由美子（すこやか訪問保育士）
栗岡あけみ（豊岡短期大学）
後藤和佳子（元保育士）
ほか現場の先生

※園名、所属は執筆当時のものです。
※本書は、アンケートをまとめ、編集部にて、加筆・アレンジを加えた
　『月刊 保育とカリキュラム』2017年6月号別冊附録を再編集し、単行本化したものです。

保育memo 執筆

島津　多美子（しまず　たみこ）
めばえ保育園（大阪）・園長
成蹊女子短期大学初等科を卒業後、3年間小学校に勤務。その後、幼稚園に移り、園長職を経て退職までの37年間幼児教育に携わる。退職と同時に保育園を開設し、現在に至る。

美文字レッスン 文字見本・指導

仁井田　小丘（にいだ　しょうきゅう）
京都教育大学美術科書道専攻を卒業後、現在、書道研究　小桃会代表・京都コープカルチャーセンター講師を兼任。

デコ文字レシピ 案・イラスト

イシグロフミカ
保育科を卒業後、幼稚園勤務を経てフリーのイラストレーターに転身。保育関係の雑誌、書籍、グッズを中心に幅広く活躍中。

保育のポッケネタ 案・イラスト

きたがわめぐみ
幼稚園勤務を経て、絵本作家に転身。絵本作品多数。『月刊　保育とカリキュラム』2013年4月号〜2015年3月号の表紙を担当するなど、活躍の場を広げる。

ハッピー保育books㉖
保育のとっておき★裏技101

2018年4月　初版発行

編　者　ひかりのくに編集部
発行人　岡本 功
発行所　ひかりのくに株式会社
　　　　〒543-0001　大阪市天王寺区上本町3-2-14
　　　　TEL06-6768-1155　郵便振替00920-2-118855
　　　　〒175-0082　東京都板橋区高島平6-1-1
　　　　TEL03-3979-31112　郵便振替00150-0-30666
　　　　ホームページアドレス　http://www.hikarinokuni.co.jp
印刷所　大日本印刷株式会社

©HIKARINOKUNI 2018　　Printed in Japan
　　　　　　　　　　　ISBN978-4-564-60915-2
乱丁、落丁はお取り替えいたします。　NDC376　128P　19×13cm

STAFF

● 本文デザイン／柳田尚美（N/Y graphics）
● 本文イラスト／菊地清美・たかぎ＊のぶこ・とみたみはる・ささきともえ・町田里美・Meriko・もり谷ゆみ
● 編集協力／和田啓子（pocal）
● 校正／永井一嘉
● 企画・編集／山田聖子・安藤憲志

本書のコピー、スキャン、デジタル化等の無断複製は著作権法上での例外を除き禁じられています。本書を代行業者等の第三者に依頼してスキャンやデジタル化することは、たとえ個人や家庭内の利用であっても著作権法上認められておりません。